C.H.BECK WISSEN

in der Beck'schen Reihe

2026

BsR

Wissenschaftler haben erst in den vergangenen 30 Jahren die politische Geschichte der Maya und ihre Religion mit den oft blutigen Ritualen entschlüsselt. Nichts mehr von der angeblich friedlichen und beschaulichen Geschichte dieser Indianer, wie sie die frühere Forschung hat glauben machen wollen, hat Bestand. Die Einzelschicksale der Herrscher mit Kriegsberichten, Totenfeiern und schmerzhafter Selbstkasteiung sprechen eine ganz andere Sprache; diese Biographien sind heute bis in kleine Einzelheiten durchleuchtet und erforscht. Im Mittelpunkt des Buches steht die politische und kulturelle Entwicklung der Maya und die Darstellung der Dynastien der bedeutenden Stadtstaaten von Tikal, Yaxchilán, Copán und Palenque anhand der bildlichen und hieroglyphenschriftlichen Quellen.

Berthold Riese, Professor für Ethnologie an der Universität Bonn, hat seit vielen Jahren nicht nur an den Maya-Stätten archäologisch und epigraphisch gearbeitet, sondern auch die Archiv- und Sprachquellen über die Maya erforscht.

Berthold Riese

DIE MAYA

Geschichte – Kultur – Religion

Verlag C. H. Beck

Mit 11 Abbildungen, 2 Tabellen und 5 Karten

Die Deutsche Bibliothek – CIP-Einheitsaufnahme

Riese, Berthold
Die Maya : Geschichte – Kultur – Religion / Berthold Riese. –
Orig.-Ausg. – München : Beck, 1995
(Beck'sche Reihe ; 2026 : C. H. Beck Wissen)
ISBN 3 406 39826 X
NE: GT

Originalausgabe
ISBN 3 406 39826 X

Umschlagentwurf von Uwe Göbel, München

Gesamtherstellung: Presse-Druck- und Verlags-GmbH, Augsburg
Gedruckt auf alterungsbeständigem (säurefreiem),
aus chlorfrei gebleichtem Zellstoff hergestelltem Papier
Printed in Germany

Inhalt

Einleitung

Amerika erlebte in seiner jahrtausendelangen Menschheitsgeschichte eine kulturelle Sternstunde: die Entfaltung und Blüte der klassischen Maya-Kultur auf der Halbinsel Yukatan und im angrenzenden Hochland. Zu einer Zeit, als bei uns Kultur und Zivilisation der Spätantike in den Wirren der Völkerwanderung versanken, entwickelten die Maya im fernen Mittelamerika eine unvergleichliche Vielfalt höchster schöpferischer Leistungen. Allein in der Wand- und Vasenmalerei, in Portraitplastik in Stuck und Stein, in Arithmetik, in astronomischer Mathematik und im Schreiben waren sie allen zeitgenössischen Kulturen ihres Kontinentes weit voraus. Erst die letzten 30 Jahre intensiver Forschung haben uns ihre Hieroglyphentexte und ihre Bildwerke so entschlüsselt, daß ich konkrete Einblicke in die Herrscherhäuser mit den Namen, ihren Lebensdaten und Taten geben kann. Wie aber gestaltete sich der Alltag damals in den Maya-Städten Mittelamerikas? Warum entstand gerade hier diese einmalige Kultur, und wieso verstummte sie wieder so plötzlich und klanglos? Dies sind zentrale Fragen, auf die die Archäologie immer noch Antworten sucht; und auch diese offenen Probleme der Forschung will ich Ihnen auf den folgenden Seiten darlegen.

Diagramme im Text und Erläuterungen im Register sollen dazu verhelfen, indianische Begriffe und Namen zu verstehen und auch die oft abweichenden Schreibungen im Schrifttum mit der hier verwendeten zu identifizieren; denn ich bemühe mich um eine streng einheitliche Schreibung indianischer Wörter nach der Vorgabe der Sprachforschung. Bei Orts- und Personennamen der Kolonialzeit halte ich mich allerdings an die Vorgabe in spanischen Dokumenten, auch wenn sie indianische Namen sprachlich entstellen.

Mein Dank für intellektuelle Anregungen gebührt den Studenten Jürgen Kremer, Markus Eberl, Alexander Voß und Karina Waedt, die auch bei der Redaktion geholfen hat.

Bonn am Rhein im Frühjahr 1995 *Berthold Riese*

I. Die Maya-Welt und ihre Entdeckung

1. Welt und Umwelt

Die Heimat der Maya ist eine geschlossene Region, in Größe und Form Deutschland ähnlich. Den nördlichen Teil bildet die Halbinsel Yukatan, die weit in das Karibische Meer hineinragt, auf Kuba ausgerichtet ist und somit im Westen, Osten und Norden von der See umspült wird. Im Süden schließen sich die von der amerikanischen Kordillere geprägten Hochländer von Chiapas, Guatemala, El Salvador und Honduras an und stellen die Landverbindungen ins nördliche Mesoamerika und nach Zentralamerika her. Die Grenze der Maya-Region im Westen kann etwa mit dem Unterlauf des Río Grijalva im mexikanischen Bundesstaat Chiapas gezogen werden. Die südöstliche Grenze ist kulturell weniger streng ausgeprägt. Sie folgt etwa nordsüdlich dem Westrand des Río Ulua-Tales in Honduras und biegt von dort nach Südwesten zum Pazifik ab. Im äußersten Süden bildet der Pazifische Ozean die natürliche Grenze (s. Karte 2, S. 45).

Das so umrissene Gebiet liegt in den gemäßigten Tropen, ist aber im nördlichen Teil der Halbinsel Yukatan, vor allem wegen extrem niedriger und jahreszeitlich ungleich verteilter Regenmengen, eine Dornbuschsteppe. Dagegen sind weite Teile des südlichen Tieflandes heute von dichtem tropischen Regenwald bedeckt, sofern sie nicht von der Viehwirtschaft oder dem Kaffeeanbau beansprucht werden. In nicht allzuferner Vergangenheit herrschte hier jedoch eine lichte Wald- und Savannenlandschaft vor, nicht der Urwald.

Weite Gebiete des Hochlandes sind tektonisch aktiv und gipfeln in tätigen, bisweilen über 3000 Meter hohen Vulkanen. Diese Zone wird deshalb immer wieder von Erdbeben erschüttert und durch Vulkanausbrüche verwüstet. Die oft steilen Hanglagen und durch Erosion zerklüfteten Hochflächen beschränken die Möglichkeiten der Besiedlung und landwirtschaftlichen Nutzung. Hingegen ist der Norden eine fast ebene, erdbebenfreie durchkarstete Sedimentkalkfläche. Gelegentlich wechseln Hügel und Senken ab, doch überschreiten die Erhebungen eine Höhe von 200 Metern nicht, in der Oberflächengestalt vergleichbar der Norddeutschen Tiefebene. Nur entlang der Küste des heutigen Belize ragt ein Ausläufer der Kordillere weit ins nördliche Tiefland hinein. Diese „Maya Mountains“ waren und sind bis heute eine Siedlungsbarriere.

Extreme Gegensätze weist der Wasserhaushalt auf. Während die große verkarstete Kalkplatte der Halbinsel Yukatan in ihrem nördlichen Teil keine Flüsse kennt, sondern nur unterirdisch verlaufende Grundwasserströme, die in „Cenotes“ genannten Dolinen – das Wort Cenote ist vom Maya *ts'onot* abgeleitet und als Fremdwort ins Spanische übernommen worden – an vielen Stellen zugänglich sind, ertrinkt die weite Alluvialebene an der Bucht von Campeche alljährlich während der Regenzeit von April bis November in den Wassermassen, welche die Stromsysteme des Río Grijalva und des Río Usumacinta sammeln und über sie ergießen. Es bleiben dann nur einige Erhebungen inselartig trocken. Im Gebirge und an der pazifischen Abdachung herrschen hingegen nach unseren Maßstäben normale hydrographische Verhältnisse mit gut entwässernden Flüssen und zahlreichen Seen.

Die von der Gesteinsbildung, der Oberflächengestalt und dem Wasserhaushalt her unterschiedenen Zonen weisen damit zusammenhängend sehr verschiedene Böden, Mineralien, Pflanzen- und Tierpopulationen auf, die ihrerseits die Grenzen und Möglichkeiten menschlicher Besiedlung weitgehend vorherbestimmen. So ist der ganze Norden ein schier unerschöpfliches Reservoir an Kalkstein, der sich als Baustein, zur Gewinnung von Kalkmörtel und Zement eignet, zur Anfertigung von Skulpturen dient und unentbehrlich für die Zubereitung von Maisspeisen ist. (Mais muß vor der Zubereitung durch Wässern in Kalklösung chemisch aufgeschlossen werden). Auch findet man in Yukatan Einschlüsse von Feuersteinknollen, die Rohmaterial für Klingen abgeben. In den vulkanischen Gebieten findet man im Gegensatz dazu den für Mahlsteine besonders geeigneten porösen Tuff und stellenweise den überaus geschätzten Obsidian, der, verarbeitet, die schärfsten Schneidewerkzeuge ergibt.

Die ausgedehnten Wälder bieten alle Arten von Hölzern: weiche, harte, termitenfeste. An Bauholz besteht also kein Mangel; und Palmblätter lassen sich, ebenso wie lange Gräser, zur Bedachung nutzen. Weniger bekannt ist bei uns, daß Baumharze als Klebematerial für das Handwerk, als Grundstoff für die Beleuchtung mittels Fackeln, als Räucherharz im religiösen Ritual und auch ganz profan als Kaugummi vielfältigen Nutzen spenden.

Überall gedeihen bei angepaßter Anbauweise Mais, Bohnen, Kürbisse, Kalebassen, Tomaten, Tabak und in den feuchteren und heißeren Zonen auch Yucca, Kakao, Chili und Baumwolle. In den üppigen Wäldern des Tieflandes wachsen eßbare Früchte wild, die sich auch unschwer in Gartenkulturen pflegen und veredeln lassen, so die Papaya, der Avocado, die birnengroße Zapote-Frucht, die Chirimoya oder Anona, ebenfalls eine Baumfrucht, und die Ramón-Nuß. Dagegen ist das Angebot an jagdbarem Großwild bescheiden: Puma und Jaguar kommen nur ihrer Felle wegen in Betracht. An Wildbret bieten sich Hirsch, Peccari und Kleinwild wie Kaninchen, Agouti, Tepeiztcuintli (ein rattengroßes Nagetier), Leguan und Schildkröten an. Vögel sind hauptsächlich wegen ihrer Federn begehrt. An erster Stelle rangiert der scheue, nur in feuchten Bergwäldern heimische Quetzal-Vogel, dessen lange, elastische grüne Schwanzfedern ein wichtiger Bestandteil der Tracht gehobener Schichten waren. Kleinaffen, von denen die drei Spezies des Brüllaffen, des Kapuzineräffchens und des Spinnenaffen in den Wäldern leben, wird man, wie auch heute noch, als possierliche Haustiere gehalten haben. In den Flüssen, Seen und vor allem an der Meeresküste sind schließlich noch Fische, Schalentiere, Muscheln und Schnecken heimisch und als Nahrungsquellen, zum Teil auch wegen ihrer robusten Kalkschalen als Rohmaterial für Schmuckstücke und Geräte, begehrt. Das Land bietet dem Menschen also eine reiche Auswahl an Naturprodukten.

2. Entdeckung und Erforschung

Den Anfang archäologischer Feldforschung im Maya-Gebiet machten Erkundungen bedeutender Ruinenstätten seit dem ausgehenden 18. Jahrhundert. Die urwaldüberwucherte Ruinenstadt Otolum nahe dem Dorf Palenque hatte schon früh das Interesse der ansässigen nichtindianischen Bevölkerung geweckt. Der spanische König Karl III. griff die Meldungen über die Entdeckung von Ruinen in seinen amerikanischen Kolonien begierig auf und ließ 1786 durch den Artillerie-Hauptmann Antonio del Río eine Expedition dorthin schicken. Die Erforschung der Ruinen war dank des Talentes ihres Leiters erfolgreich. Dennoch kam es zur Veröffentlichung seiner sorgfältigen und umsichtigen Bestandsaufnahme von Gebäuden und Skulpturen erst etwa 30 Jahre nach ihrer Erforschung, und zwar nicht in Spanien, sondern in England und Deutschland (s. Kapitel IV).

Ein Anfang war gemacht und das Interesse geweckt, doch zunächst kam die Forschung nicht voran, weil infolge der Unabhängigkeit der amerikanischen Kolonien von Spanien in den ersten Jahrzehnten des 19. Jahrhunderts Chaos herrschte und Fremde sich kaum in die entlegeneren Gebiete Zentralamerikas wagten.

John Lloyd Stephens, ein unternehmender Nordamerikaner, und der englische Architekt Frederick Catherwood, beide bereits Forschungsreisende mit Erfahrungen im Orient, durchstreiften nach dem Abklingen der Kämpfe von 1839 bis 1841 das ganze Maya-Gebiet. Ihre Bücher stimulierten mit spannenden Reiseschilderungen aus Stephens' Feder und romantischen Stichen nach Catherwoods Zeichnungen die Öffentlichkeit am nachhaltigsten. Beide hatten im weiteren Leben kein Glück mehr: Ihre Sammlungen, darunter auch Catherwoods Bilder, verbrannten bei verschiedenen Unfällen in London und Washington, und Stephens erlag, noch relativ jung an Jahren, der Malaria, die er sich in Panamá zugezogen hatte, während sein Reisegefährte Catherwood auf dem Atlantik bei einem Schiffsunglück ertrank. Mit Stephens und Catherwood schloß die vor-photographische Ära ab; denn schon während die beiden Yukatan bereisten, waren in Frankreich und England die photographischen Verfahren der Herren Daguerre und Talbot erfunden und mit Erfolg erprobt worden. Der Franzose Désiré Charnay versuchte sich bereits um 1860 mit beachtlichem Erfolg im Photographieren von Ruinenstätten in Mexiko und eben auch im Maya-Gebiet. Diese Dokumentationstechnik blieb bis heute unentbehrlicher Standard der Forschung und wurde schon zwanzig Jahre später von dem ehemaligen englischen Kolonialbeamten Alfred Percival Maudslay und dem in Rom geborenen badischen Staatsbürger und nachmaligen kaiserlich-mexikanischen Hauptmann Teobert Maler zu so hoher Qualität entwickelt, daß ihre Aufnahmen noch heute, 100 Jahre nach den Forschungen, die primäre Dokumentation darstellen. Malers und Maudslays Unternehmungen waren privat organisiert und finanziert. Beide opferten ihr persönliches Vermögen dafür. Architekturaufnahmen, Karten und Grundrisse gaben dem Leser zu Hause ein gutes Bild von der Baukunst der Maya und der Anlage der Städte. Und vor allem Maudslay sorgte dafür, daß einige mit Papiermaché abgeformte und später in Gips gegossene Skulpturen und kleinere Sammlungen von Originalartefakten zusammen mit Gemälden nach Feldskizzen in London bewundert werden konnten, während Maler durch Dia-Vorträge das Pariser Publikum begeisterte.

Im Verlauf der ersten Hälfte des 20. Jahrhunderts wechselte die Feldforschung von der Bestandsaufnahme oberflächlich sichtbarer Ruinen zur Ausgrabung. Und es waren jetzt nicht mehr privat agierende Forscher, sondern große Institutionen, die solche Unternehmungen planten, finanzierten und durchführen ließen. Schrittmacher waren die schon vor der Jahrhundertwende begonnenen Grabungen des Peabody-Museums in Copán (s. Kapitel IV). Danach war fast 50 Jahre lang die Carnegie Institution aus Washington Hauptförderer der archäologischen Feldforschung.

In der zweiten Hälfte unseres Jahrhunderts richtete sich das Erkenntnisinteresse der Forschung statt auf die Prunkbauten und die Monumente der Elite auf das Leben der einfachen Bevölkerung. Man war jetzt bestrebt, Dörfer und Wohnbezirke auszugraben. Die Verteilung der Siedlungen im Raum und die Beziehung zur Umwelt rückten daher stärker ins Blickfeld. Den Anstoß dazu gab zunächst der Perú-Archäologe Gordon R. Willey mit seinem ersten Feldforschungsprojekt als frisch bestallter Professor an der Harvard-Universität. Er grub unscheinbare Siedlungen im Tal des Belize-Flusses aus. Mehr vom theoretischen und methodologischen Hintergrund her übte der als Maya-Archäologe ausgebildete, dann aber ausschließlich in Zentralmexiko tätige Kent Flannery Einfluß aus mit einem Buch, das den programmatischen Titel „The Mesoamerican Village“ trägt. Daher wurden in den 60er und 70er Jahren vermehrt marginale Zonen und kleinere Zentren erforscht. Gleichzeitig mit dieser Verlagerung des Forschungsinteresses fanden nun auch in der europäischen Siedlungsarchäologie längst etablierte Grabungsstrategien in die amerikanische Archäologie Eingang: flächiges Ausgraben ganzer Siedlungszonen, Landesaufnahme von Oberflächenfunden und -befunden. Diese Grabungen werden, und das ist die Amerika-spezifische Neuerung, objektiviert durch statistische Auswahlverfahren.

Feldforschung ist aber nicht das einzige Arbeitsfeld des Archäologen. Geräteaufwendige naturwissenschaftliche Materialuntersuchungen haben das Aussagepotential der von Archäologen ergrabenen Funde unerwartet erweitert und präzisiert. In erster Linie und zeitlich am frühsten wurde die ^{14}C-Datierung auf organische Reste, meist Holzkohle, angewandt. Ihre erst spät entdeckte problematische Grundannahme eines konstanten Niveaus von radioaktivem Kohlenstoff in der Atmosphäre hat viel chronologische Unsicherheit geschaffen, die aber jetzt überwunden ist, und die Untersuchungen in der Maya-Stadt Tikal (s. Kapitel IV) haben viel zur Klärung dieser Probleme beigetragen. Dennoch ist dieses Datierungsverfahren nicht präzise genug für historische Fragestellungen im Rahmen der Maya-Geschichte und daher von nur beschränktem Nutzen.

Für chronologische Fragestellungen sehr viel ergebnisträchtiger als die ^{14}C-Untersuchungen scheint die Thermolumineszenz-Analyse von gebranntem Ton zu sein. Hier sind im günstigsten Fall auf 50 Jahre genaue Ergebnisse zu erreichen. Für Fragen der Herkunft von Tonwaren sind Neutronenaktivierung und ähnliche kernphysikalische Verfahren hilfreich und auch bereits angewandt worden. Hier hat sich in jüngster Zeit ein bedeutendes Forschungsfeld eröffnet; denn die meisten bemalten Tongeschirre, mit denen Maya-Forscher arbeiten, stammen aus undokumentierten Raubgrabungen und können mit dieser Methode vielleicht auf ihren Ursprungsort zurückgeführt werden; abgesehen davon, daß sich mit ihr Fälschungen erkennen lassen, von denen der Kunstmarkt überschwemmt wird.

Die Entschlüsselung der Maya-Schrift war ein langwieriges und von vielen Sackgassen behindertes Unterfangen. Schon in der ersten Hälfte des 19. Jahrhunderts haben Forscher in Nordamerika und Europa das in der Schrift verschlüsselte Zahlensystem an den Bilderhandschriften studiert und enträtselt (s. Kapitel III). Darauf aufbauend konnte der königlich-sächsische Bibliothekar Ernst Wilhelm Förstemann, der die ersten Editionen einer in Dresden befindlichen Handschrift vorbildlich betreute, bald auch die astronomischen Rechentabellen für Sonnenfinsternisse und die Sichtbarkeitsphasen des Wandelsterns Venus entschlüsseln. Diese Ergebnisse wurden schon um die Jahrhundertwende erfolgreich auch auf Steininschriften angewandt, von denen ständig neue entdeckt und veröffentlicht wurden. Durch diese stand der Forschung bereits vor der Mitte des 20. Jahrhunderts eine detailreiche Chronologie zur Verfügung, doch fehlte das Wissen um die Bedeutung der Daten, denn die nicht-chronologischen Textpartien, die immerhin zwei Drittel des Gesamtcorpus ausmachen, waren weitgehend unentziffert geblieben, ja es tobte noch ein Streit, ob sie denn überhaupt sprachlich zu lesen seien. Solange dieser Streit unentschieden blieb, gab es Fortschritte nicht so sehr auf dem Gebiet der Entzifferung als vielmehr bei der direkten inhaltlichen Deutung des chronologischen Gerüstes der Texte und der begleitenden Bilder. Hier waren es zwei außerhalb der akademischen Forschung stehende Wissenschaftler, die den Erkenntnisstand entscheidend voranbrachten: Heinrich Berlin, ein in jungen Jahren aus Fürth nach Mexiko ausgewanderter Privatgelehrter, und die russische Emigrantentochter Tatiana Proskouriakoff, die in den Vereinigten Staaten als Architektin ausgebildet war. Sie fanden gleichzeitig und unabhängig voneinander heraus, daß es bei den Steininschriften um Ereignisse im Leben von Herrscherfamilien der Maya-Staaten und um diese Staaten selbst ging. Kapitel IV fußt bei der Darstellung der Dynastien von Palenque und Yaxchilán ganz wesentlich auf den Pionierarbeiten der beiden. Der Streit um den Charakter der Hieroglyphenschrift wurde erst in den Jahren nach 1970 zugunsten der sprachlichen Lesung als Silbenschrift (mit bilderschriftlichen Elementen) entschieden. Diese Auffassung hatte der Russe Yuri Knorozov zwar bereits zwanzig Jahre zuvor vertreten, sie wurde jedoch in der führenden Welt der nordamerikanischen Forschung nur von David Humiston Kelley aufgegriffen, was man ihm in der akademischen Welt schlecht dankte, denn er wurde wegen der Übernahme suspekter „sowjetischer“ oder „marxistisch-leninistischer“ Forschung nicht ernstgenommen. Erst als 1973 der Linguist und Ethnologe Floyd Lounsbury durch methodisch überzeugende Argumentation den Knorozovschen Entzifferungsansatz weiterführte, gelang der allgemeine Durchbruch, und auch Kelley ist inzwischen als Pionier der Entzifferung rehabilitiert. Was gegenwärtig noch ansteht, ist das Ausmerzen von unplausiblen Lesungen, das Begründen neuer Vorschläge für die vielleicht noch unentzifferten 20 Prozent der knapp 500 Zeichen der Maya-Schrift sowie die Lesung dieser Zeichen und der aus ihnen zusammengesetzten Hieroglyphen und Texte in der von den Sprachforschern Terrence Kaufman und William Norman rekonstruierten Sprache der klassischen Maya, dem Proto-Cholischen. Denn bisher begnügen sich Forscher bei ihren Entzifferungsvorschlägen meist mit unmethodisch gemischter Verwendung verschiedener Maya-Sprachen späterer Sprachstufen. Ich bemühe mich im Folgenden, in diesem Sinn zuverlässige Lesungen vorzutragen; im Zweifelsfall gibt das Register Aufschluß über abweichende Lesungen.

Die Erforschung der Kolonialzeit durch Aufschlüsselung von frühen schriftlichen Zeugnissen spanischer Präsenz im Maya-Gebiet ist bis heute ein Stiefkind der Geschichtsforschung geblieben. Selbst die reiche und wohlgeordnete Dokumentensammlung im Indien-Archiv in Sevilla, im spanischen Mutterland, wurde nie vollständig ausgewertet; und in den Ländern mit Maya-Bevölkerung gibt es keine geordneten Archive. Wegen dieser mißlichen Lage hat die schon um die archäologische Forschung verdiente Carnegie Institution in Washington um die Mitte unseres Jahrhunderts kurzzeitig Anstrengungen unternommen, verstreute Dokumente über die Maya zusammenzutragen, zu veröffentlichen und durch Übersetzungen ins Englische und historiographische Synthesen nutzbar zu machen. Dieser vielversprechende Beginn wird heute von der staatlichen mexikanischen Universität in Mexiko-Stadt fortgeführt, wobei der Historiker René Acuña die treibende Kraft ist.

Das Maya-Gebiet war bis ins 20. Jahrhundert eine dünnbesiedelte und von der modernen Zivilisation nur wenig berührte Zone. Daher haben Völkerkundler immer wieder betont, daß man dort noch viele traditionelle Lebensformen erforschen könne. Zunächst betrafen solche Forschungen die Maya-Sprachen, ein Unternehmen, das im 19. Jahrhundert zunächst in der Hand europäischer Reisender lag. Carl Hermann Berendt aus Danzig und Otto Stoll aus Zürich seien genannt. In Mérida und Guatemala-Stadt beteiligten sich auch gebildete Städter der spanischstämmigen Oberschicht an solchen Forschungen, darunter in Yukatan der Verwaltungsbeamte Juan Pío Pérez, der schon Stephens mit historischen Dokumenten versorgt hatte. Die professionelle Erforschung traditioneller Lebensformen, also die Ethnographie, setzte erst im 20. Jahrhundert ein und war immer eine Domäne von Nordamerikanern. Es wirkten an ihr aber auch Mexikaner und vereinzelt Deutsche mit: Leonhard Schultze Jena in den 30er Jahren, Ulrich Köhler und Christian Rätsch in der Gegenwart.

Im 18. und beginnenden 19. Jahrhundert gab es noch nicht so etwas wie rationale Theorien über die Geschichte der Maya, sondern allenfalls religiös und phantastisch inspirierte Spekulationen mit historischer Zielsetzung: Atlantis, die Ägypter und der verlorene Stamm Israels spielen dabei immer wieder eine erklärende Rolle. Erst zum Ende des 19. Jahrhunderts hin wurden echte Theorieansätze in Form einfacher sozialgeschichtlicher Typisierung über die Maya, ihre Herkunft und ihre politische und wirtschaftliche Verfassung geboren. Sie spiegeln sich in Formulierungen wie „Das alte und das neue Reich der Maya“ oder „die Theokratie der Maya“ wider. Man verwandte dazu die zunächst einzig beachteten archäologischen Zeugnisse: stehende Architektur, Monumentalkunst und Kalenderdaten der Hieroglypheninschriften. Denn, wie wir sahen, war es schon recht früh gelungen, den ansonsten bis in unsere Tage unentziffert gebliebenen hieroglyphischen Texten die tagesgenauen Kalenderdaten zu entnehmen. In Anbetracht der Tatsache, daß bereits zu Anfang des 20. Jahrhunderts Hunderte solcher Inschriften mit vielleicht 1000 Kalenderdaten bekannt waren, boten sie ein genaues Datenraster, innerhalb dessen man die Geschichte der Maya darstellen konnte. Doch zu differenzierten Theorien über sie führte das nicht, denn der Inhalt der nicht-kalendarischen Hieroglyphen war weiterhin unbekannt.

Mit dem Anwachsen der Daten aus allen Bereichen der archäologischen Forschung, des Quellenstudiums, der Sprachforschung, der fortschreitenden Hieroglyphenentzifferung und der Beobachtung moderner Maya-Indianer zeigte sich die Unzulänglichkeit grober Klassifizierungen und einseitiger Ausrichtung auf die Elitekultur der alten Maya. Man bedient sich daher jetzt eines anderen Instrumentes, der Modellbildung, d.h. man versucht alle vorhandenen Daten quantifiziert und klar definiert zusammenzubringen und in einen Funktionszusammenhang zu stellen. Wenn das mit modernen Mitteln der Mathematik und der Computerberechnungen geschieht, bezeichnet man es als Simulation. Solche – nun nicht mehr anschaulichen – Modelle helfen, vermutete Zusammenhänge zu überprüfen und neue zu formulieren. Der Niedergang der Maya-Kultur im 8. und 9. Jahrhundert war eines der früh erkannten und nie befriedigend erklärten Phänomene der Maya-

Geschichte, das partiell mit Simulationsmodellen verständlicher gemacht worden ist. Ebenso ist eine kurze Zeitspanne in der Mitte der klassischen Maya-Epoche, die eine Krise der Maya-Kultur kennzeichnet und die man den Hiatus nennt, ein Problem, für das wir einst vielleicht im Rahmen von Modellsimulationen Erklärungen finden. Ich werde auf diese Probleme in Kapitel III und IV zu sprechen kommen.

II. Eine Gesellschaft formiert sich

1. Ergebnisse der Siedlungsarchäologie und der Sprachforschung

An den Küsten des Pazifik und der Karibik wurden zwischen 2500 und 2000 v. Chr. die ersten dörflichen Ansiedlungen im späteren Maya-Gebiet gegründet. Sie hatten bescheidene Ausmaße und vereinigten vielleicht nicht mehr als zwanzig Familien in jedem Dorf. Woher die Bewohner kamen, wissen wir nicht. Am Fundort Cuello in Belize ist die frühste Töpferei erst sehr viel später, nämlich um 1000 v. Chr., nachzuweisen. Dort weist auch das Vorkommen von Jade-Perlen auf Fernhandel schon in dieser Zeit, denn die nächsten Jade-Vorkommen sind im 200 Kilometer entfernten Motagua-Tal. Die frühste Keramik der Fundorte La Victoria und Ocós an der Pazifikküste datiert auf 1500 v. Chr. und hat mit der der karibischen Küste nichts gemein, so daß man vorerst an beiden Küstenorten unabhängige Übergänge zur Keramikherstellung annehmen muß. Pauschal nimmt man jedoch an, daß die Kenntnis der Töpferei und wenig später des Maisanbaus die Siedler an diesen und weiteren Orten im Maya-Gebiet aus dem Norden erreichte, wo es in den Trockentälern und Höhlen von Tamaulipas, Puebla und Oaxaca frühere Funde von Pflanzendomestikation gibt (Karte 1). Immer wieder weisen aber außerdem Forscher nicht unberechtigt auf die Möglichkeit hin, daß die Töpferei über die karibische See aus Venezuela und Kolumbien und durch Küstenschiffahrt auf dem Pazifik aus Ecuador ins Maya-Gebiet Eingang gefunden haben könnte. In Südamerika sind diese Prozesse nämlich ebenfalls zu beobachten und beginnen früher als in Mexiko und Guatemala.

Die gerade für die Erhellung der frühen Siedlungsgeschichte so wichtige Chronologie macht der Archäologe am Wandel in Form und Verzierung von Tonwaren fest. Eine Kultur- und damit zugleich eine Zeitphase wird nach der mit ihr assoziierten Keramik benannt. So heißt die frühste Keramik einer bestimmten Ausprägung im Maya-Tiefland Mamom; diesen Namen hat sie am ersten Fundort, wo sie in größeren Mengen ausgegraben und anschließend typologisch bestimmt wurde, nämlich in Uaxactún, erhalten. Die Abfolge der Keramikphasen wird dann meist in einem Säulendiagramm dargestellt, wobei die frühste Phase, wie auch in der Wirklichkeit des Fundortes, zuunterst steht. Tabelle 1 zeigt die wichtigsten Keramikphasen des Maya-Gebietes. Es ist in der Forschung leider Brauch geworden, daß jeder Archäologe an seinem Fundort die erkannten Keramik-Typen mit neuen Namen benennt, und zwar nach sehr ideosynkratischen Grundsätzen; man vergleiche in dieser Hinsicht La Victoria, Cuello und Uaxactún. Da dient einmal die Köchin, weil sie die Archäologen so gut versorgt hat, ein andermal der fleißige Vorarbeiter als Namensgeber, oder, was noch irreführender ist, der Archäologe nimmt sich Worte aus Maya-Sprachen zur Benennung seiner Keramik, unbeschadet der Tatsache, daß diese Wörter in der Sprache und in anderen Bereichen der Maya-Forschung ganz andere Bedeutungen haben. So war es schon bei der Leitgrabung in Uaxactún, wo spätere Phasen („Tzakol", „Tepeu") nach Quiché-Göttern benannt wurden, wiewohl in Uaxactún niemals Quiché-Indianer gelebt haben. Erst in einem reifen Stadium der vergleichenden Keramik-Chronologie schälen sich dann keramische Gruppen heraus, die wegen ihrer diagnostischen Merkmale und weiten räumlichen Verbreitung verschiedene Fundorte gleichermaßen charakterisieren. „Fein Orange" und „Bleiglanz" sind Keramik-Waren, die solche Eigenschaften in der spätindianischen Zeit haben, doch sind sie nicht zu Phasenbenennungen verwendet worden. Bei der frühen Mamom-Keramik können wir hingegen den vernünftigeren Prozeß im Ansatz beobachten, daß sich die Benennung von Phasen nach der überregionalen Leitkeramik richtet.

Der Prozeß der Neolithisierung, also die seßhafte Siedlungsweise, die Einführung von Töpferei und der Beginn des Feldbaus, auch im Binnenland, scheint sich im Maya-Gebiet über insgesamt ein Jahrtausend zu erstrecken und ist in Einzelheiten noch keineswegs befriedigend geklärt. Wegen dieses langsamen Anwachsens und Sichausbreitens zivilisatorischer Errungen-

	Pazifikküste		Hochland		Südosten	Südliches Tiefland			Osten	Norden
	La Victoria	Bilbao	Chiapa de Corzo	Kaminaljuyú	Copán	Palenque	Tikal	Uaxactún/ Alt. Sacr.	Cuello	Dzibilchaltún
+1500 – +1000	Marcos	Peor es Nada	Tuxtla Ruíz	Chinautla Tohil (Ayampuc)	Ejar		Eznab			Chechem Zipche
+1000 – +500	Marcos	Santa Lucía Laguneta	Maravillas Laguna	Pamplona Amatle II Amatle I Esperanza	Coner Acbi	Balumte Murcielago Otolum Motiepa	Imix Ik	Tepeu 3 Tepeu 2 Tepeu 1 Tzakol 3		Copo 2 Copo 1 Piim
+500 – 0	El Baúl	Mejor es algo	Jiquipilas Istmo	Aurora Santa Clara Arenal	Bijac	Picota	Manik Cimi Cauac	Tzakol 2 Tzakol 1 Matzanel	Cocos Chicanel	Xuculul
0 – −500	Crucero Chonchas 2	Ilusiones Algo es algo	Horcones Guanacaste Francesa	Miraflores Providencia Majadas Las Charcas	Chabij Uir Gordon		Chuen Tzec Eb	Chicanel Mamom	Cocos Chicanel López Mamom	Komchen Nabanche
−500 – −1000	Chonchas 1 Jocotal Cuadros	Algo es algo	Escalera Dili	Majadas Las Charcas	Uir Gordon Raya			Xe	Bladen Swasey	
−1000 – −1500	Ocós Barra		Cotorra	Arevalo	Raya				Swasey	

Tabelle 1: Vergleichende Chronologie von Keramik-Phasen im Maya-Gebiet

schaften spricht man nicht mehr von einer neolithischen Revolution, wie es V. Gordon Childe in den fünfziger Jahren für Europa vorgeschlagen hatte.

Welcher Sprachgruppe diese frühen Besiedler des späteren Maya-Gebietes angehörten, ist unbekannt. Um diese Frage zu klären, hilft die Archäologie nicht weiter; denn den archäologischen Funden und Befunden in Ocós, La Victoria oder Cuello sehen wir nicht an, ob die Menschen dort eine Maya-Sprache gesprochen haben. Für die Skizzierung der frühsten Vergangenheit der Maya-sprechenden Indianer wenden wir uns daher der historischen Sprachforschung zu, die ausgehend von heute lebenden Sprechern von Maya-Sprachen deren Geschichte zu erhellen versucht. Angespornt durch die Möglichkeiten der vielversprechenden Radiokarbon-Methode zur absoluten Datierung von organischem Material, entwickelte der nordamerikanische Sprachforscher Morris Swadesh in den fünfziger Jahren unseres Jahrhunderts eine Methode, mit der es möglich sein sollte, aus dem Vergleich von Standardwörterlisten verwandter Sprachen die Zeitpunkte der Auseinanderentwicklung dieser Sprachen annähernd zu bestimmen; sie wird Glottochronologie oder Lexikostatistik genannt. Die Erwartungen, die Swadesh und seine Anhänger in die Methode setzten, sind überzogen. Die Methode dient nach heutigem Fachurteil lediglich dazu, die Abfolge der Ausdifferenzierung, nicht jedoch absolute Zeitpunkte dieses Prozesses zu bestimmen. Beziehen wir aber Gesichtspunkte der Sprachgeographie in unseren Rekonstruktionsversuch mit ein, so läßt sich in groben Umrissen die Frühgeschichte der Maya folgendermaßen skizzieren: Bis etwa 1500 v. Chr. bildeten die Ur-Maya im Hochland der Cuchumatanes in Guatemala eine homogene kleine Gruppe. Die angrenzenden Gebiete waren damals noch von anderen Indianern, zum Teil Jägern und Sammlern, zum Teil bereits Seßhaften, besiedelt. Etwa um das genannte Jahrfünfhundert spaltete sich ein Teil von der Ur-Maya-Gemeinschaft ab und wanderte nach Norden in die Halbinsel Yukatan ein. Diese Gruppe bildete den Grundstock der noch heute dort siedelnden *Mayat'an* (d.i. ‚Sprache der Maya') sprechenden Indianer. Eine andere Gruppe spaltete sich wenig später ebenfalls vom Stamm ab und wanderte zunächst an die Golfküste, die von den Olmeken beherrschte Region, und dann, dieser Küste entlang nach Norden, bis in die Grenzzone der heutigen mexikanischen Bundesstaaten Tamaulipas und Veracruz. Sie werden von uns mit dem altaztekischen Namen Huaxteken bezeichnet, und ihre Sprache ist das Huaxtekische. Infolge dieser Wanderung verloren sie den Kontakt zu ihrer Herkunftsgruppe und deren kultureller Fortentwicklung. Am spätesten besiedelt wurde die Urwaldzone am Abhang der Kordillere, obwohl sie am dichtesten am Stammland in den Cuchumatanes liegt. Ursache für die späte Besiedlung mag die schlechte Eignung für ausgedehnte Landwirtschaft sein. Um die Mitte des letzten vorchristlichen Jahrtausends war mit der Besiedlung der genannten Urwaldrandzone durch die Chol-Maya der gesamte Raum, den die Maya-Indianer dann für die kommenden 2000 Jahre gehalten haben, von ihnen bereits bewohnt.

Heute gibt es etwa 30 verschiedene Maya-Sprachen, die sich in ihrer Differenzierung bzw. in ihren Übereinstimmungen untereinander mit der Binnengliederung germanischer Sprachen Europas vergleichen lassen. Phonetisch ist bei den Maya-Sprachen die systematische Ausformung der stimmlosen Verschlußlaute in einfache und glottalisierte bemerkenswert. So besitzen viele Maya-Sprachen, wo wir ein *p*, ein *t* und ein *k* als stimmlose Verschlußlaute kennen, jeweils ein unglottalisiertes *p, t* und *k*, die in etwa unseren Lauten entsprechen, und dazu jeweils noch die glottalisierten Laute *p‘, t‘* und *k‘*. Im Quiché gibt es sogar vier verschiedene *k*-Phoneme; man unterscheidet in dieser Sprache also noch eine vordere und eine hintere Artikulation und wählt zur Kennzeichnung der hinteren Artikulation den Buchstaben „q“. Würden wir den Namen dieser Indianergruppe phonologisch korrekt schreiben, sähe er daher folgendermaßen aus: *K’iche‘*, denn es handelt sich beim ersten glottalisierten Verschlußlaut um die vordere Artikulation. Da diese phonologischen Besonderheiten der Maya-Sprachen gerade bei Namen im wissenschaftlichen und populären Schrifttum meist mißachtet werden, sollte der Leser sich nicht daran stoßen, wenn meine

Schreibungen, die, wo es auf die sprachliche Form ankommt, phonologisch korrekt sind, von traditionellen Schreibungen abweichen. Ansonsten ist die Lautung dieser Sprachen verglichen mit dem Deutschen nicht besonders fremdartig.

Viele hundert Jahre entwickelten die Indianer an den Küsten, im Innern Yukatans, aber auch in den großen Flußtälern und in benachbarten Regionen ein einfaches, bodenständiges Leben. Und wenn wir der Sprachforschung folgen, waren das seit etwa 1500 v. Chr. mehrheitlich direkte Vorfahren der späteren Maya-Indianer, also Menschen, die sich in Proto-Cholisch, Proto-Tzeltalisch und Proto-Yukatekisch sowie in anderen Vorformen heutiger Maya-Sprachen ausdrückten.

Einen qualitativen Sprung zu höherer gesellschaftlicher Komplexität und wirtschaftlicher Leistungskraft kann man im Maya-Gebiet, später als an der benachbarten Golfküste, erst um 800 v. Chr. beobachten, als ganz Mesoamerika vom zweiten Aufblühen der olmekischen Kultur, der nach einem wichtigen olmekischen Fundort benannten La Venta-Phase, erfaßt wird. Jetzt kommen erstmals Obsidian-Klingen in Gebrauch, was abermalige Ausweitung der Handelsbeziehungen voraussetzt, da sich dieses vulkanische Glas nur an wenigen Stellen in Ost-Guatemala (El Chayal ist ein bedeutender Fundort) und in Zentralmexiko findet. Wie erklärt sich dieser kulturelle Aufschwung? Archäologen vermuten, daß ein weitgespanntes Netz olmekischer Handelsposten den Anstoß gab. Im Tausch gegen einheimische Rohstoffe und landwirtschaftliche Produkte wurde olmekisches Kunsthandwerk erworben, an dessen Beispiel sich dann die eigenen technischen, intellektuellen und künstlerischen Fähigkeiten entwickelten. Das Abnahmeangebot für lokale landwirtschaftliche Erzeugnisse seitens olmekischer Händler trug außerdem vielleicht dazu bei, die Produktivität der Anbaumethoden zu steigern.

2. Die Olmeken als Vorläufer

Die Olmeken waren, wie wir eben sahen, in mancher Hinsicht Vorläufer der Maya, und sie waren vermutlich auch Vorbild,

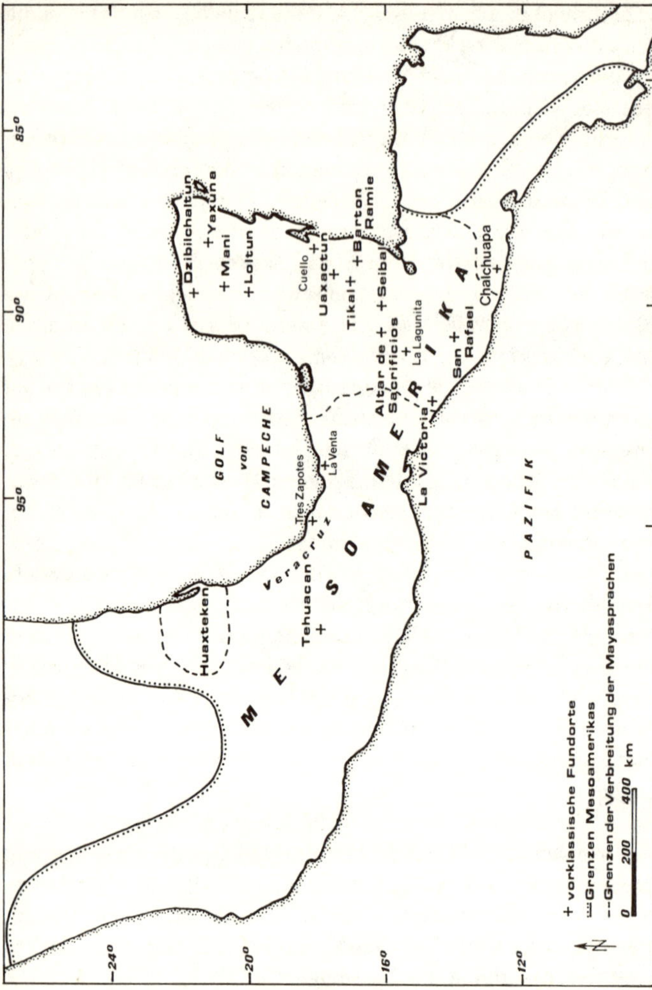

Karte 1: Mesoamerika. Grenzen des Kulturareals und vorklassische Fundorte. (Entwurf und Ausführung: B. Riese)

weil ihr elaboriertes Religionssystem, das wir freilich im Detail nicht kennen, sondern nur in groben Zügen aus den Kunstwerken zu umreißen vermögen, hohes Prestige genoß, so daß manche Interpreten, sehr spekulativ, von olmekischer Mission als Alternative oder Ergänzung zu den behaupteten Handelsbeziehungen sprechen. Man bezeichnet die Olmeken aufgrund dieser und anderer Merkmale als erste Hochkultur Mexikos. Nun scheint für fast alle Hochkulturen der Menschheit zu gelten, daß von einem bestimmten Punkt ihrer soziokulturellen Entwicklung an die Einführung eines schriftlichen Aufzeichnungssystems nützlich und geradezu unvermeidlich wird. Schrift in irgendeiner Form wird deshalb sogar als wesentliches Kennzeichen für Hochkulturen angesehen. Als Schrift ist hierbei ein auf graphischen Zeichen beruhendes Zeichensystem zu verstehen, das Aussagen inhaltlich oder in sprachlicher Gestalt dauerhaft festhalten kann. Diese Inhalte müssen für alle des Systems Kundigen sicher wiedergewinnbar, d.h. lesbar sein, auch und gerade, wenn sie den Inhalt der Aufzeichnung noch nicht kennen. Viele frühe Schriftsysteme sind allerdings nur Partialschriften, denen die Fähigkeit fehlt, einen Text vollständig, verläßlich und eindeutig wiederzugeben. Andererseits sind Partialschriften oft auf einen Aussagebereich spezialisiert und dort vielleicht leistungsfähiger als eine universell verwendbare Schrift.

3. Nach-olmekische Entwicklungen

Kehren wir zum Maya-Gebiet zurück und verfolgen wir die weitere kulturhistorische Entwicklung. Nach dem plötzlichen Niedergang der Olmeken – um 400 v. Chr. fiel deren Hauptstadt La Venta der Zerstörung anheim – entfaltete sich zunächst das im Maya-Hochland gelegene Kaminaljuyú zu einem ansehnlichen zivilen und religiösen Zentrum. In Kaminaljuyú sind aus dieser Zeit 200 Pyramiden nachgewiesen, deren krönende Tempel vermutlich aus Holz waren und daher spurlos verschwunden sind. Auch die Skulpturfunde sind bedeutend, aber leider nie *in situ* ausgegraben und aufgenommen worden.

Kaminaljuyú ist ein Repräsentant der großen, in verschiedenen örtlichen Ausprägungen vorhandenen Kultur, die olmekische Traditionen fortführte und mit eigenen Neuerungen bereicherte. Sie wird daher passend epi-olmekische Kultur genannt. Andere wichtige Zentren der Epi-Olmeken sind Chalchuapa in El Salvador und La Lagunita im guatemaltekischen Hochland, Abaj Takalik und Izapa nahe der Pazifikküste und Chiapa de Corzo im Hochland von Chiapas.

Das für uns Interessante an den epi-olmekischen Kulturen im Hochland und an der Pazifikküste ist ihre deutliche künstlerische Anbindung an die vorangegangene olmekische Kultur. Oft kann sogar eine räumliche Kontinuität nachgewiesen werden, wie zum Beispiel in Abaj Takalik und La Lagunita, wo sich am selben Ort olmekische und epi-olmekische Kulturreste gefunden haben. Allerdings haben seit der Zeit der Olmeken auch wesentliche Änderungen stattgefunden. Die monumentale, vollrunde olmekische Skulptur wird durch flache und vermehrt szenisch komponierte Reliefs abgelöst und erlebt nur noch in den künstlerisch unbedeutenden „Dickwanst"-Skulpturen eine Fortsetzung. Die bescheidenen Ansätze einer Hieroglyphenschrift entwickeln sich, vielleicht unter dem Einfluß der epi-olmekischen Kultur von Cerro de las Mesas, zu einem regelrechten Schriftsystem, in das nun die bereits komplex entwickelte Chronologie der Tageszahl in längere nicht-kalendarische Texte eingefügt ist (s. Kapitel III). Schließlich erfinden die Epi-Olmeken das Ensemble von aufrecht stehender Stele mit davor gesetztem gedrungenem, oft als Reptil ausgeformtem Altar, das später so kennzeichnend für die klassische Maya-Kultur sein wird und sich vor allem im Südosten des Maya-Gebietes, in Copán und Quiriquá, noch in klassischer Zeit großer Beliebtheit erfreut.

Für Olmeken und Epi-Olmeken wird aufgrund sprachhistorischer Studien angenommen, daß sie eine Vorform des Mixe-Zoque sprachen; und in der Tat liegt das heutige Siedlungsgebiet der stammverwandten Mixe- und Zoque-Sprachen im geographischen Zentrum dieser Kulturen. Somit haben sie in ihren Schriftdenkmälern eine Sprache geschrieben, die nichts mit den

Sprachen der Maya oder anderer mexikanischer Indianer außerhalb ihres Kernlandes gemein hat. Doch ist ihr Einfluß auf die Maya-Sprachen in Lehnwörtern erkennbar (Tabelle 2).

Die beiden westlichen Ausprägungen der epi-olmekischen Schriften hatten nur bis zum Frühklassikum Bestand und wurden dann von einfacheren Systemen abgelöst, wobei auch die bis dahin bestehende Textfähigkeit verlorenging. Die Verar-

Lehnwort in Maya-Sprachen	Herkunftssprache und Epoche der Entlehnung		
	Mixe-Zoque (Vorklassik)	Totonakisch (Mittelklassik)	Nahua (Nachklassik)
tsimah Kalebasse	*tsima* Kalebasse		
pom Weihrauch	*poomV* Weihrauch		
chi'ik Coati Mundi	*tsiku* Coati Mundi		
sum Seil	*tsum* binden		
tsuk Maus	*tsuk* Maus		
kakaw Kakao	*kakawa* Kakao		
pak' pflanzen		*paaka'* Unkraut jäten	
kiwi' Annatto		*kiwi'* Baum	
sakat Laus		*skaata* Laus	
chimal Schild			*chimalli* Schild
chinam Dorf			*chinamitl* Zaun, Sippe
pan Fahne			*paantli* Fahne
tupile Büttel			*topilli* Amtsstab

Tabelle 2: Lehnwörter aus mesoamerikanischen Sprachen im Maya

mung führte so weit, daß die Frage, ob Teotihuacan, das mächtigste kulturelle Zentrum Mesoamerikas im Mittelklassikum, wirklich ohne Schrift war, wie es das Fehlen von eindeutigen Inschriften anzunehmen zwingt, immer noch Gegenstand einer Kontroverse ist. Die Schriftlosigkeit Teotihuacans wäre nicht nur schrifttheoretisch, sondern auch vom historischen Befund her erstaunlich, da in einzelnen Stadtvierteln von Teotihuacan eine zapotekische Kolonie bestand, in der die Verwendung der zapotekischen Schrift nachgewiesen ist. Doch hat die Ethnologie für diese kulturelle Regression, wie man den scheinbar unmotivierten Verlust kultureller Errungenschaften nennt, durchaus eine hypothetische Erklärung: Die Vielfalt der grundlegend verschiedenen Sprachen auf engem Raum läßt ein System, das auf Bedeutung beruht, also letztlich mit Bildern arbeitet, gegenüber einem, das wesentlich die sprachlichen Laute einbezieht, durchaus vorteilhaft erscheinen. Man denke dabei an die ganz ähnliche und historisch vielfach verbürgte Entwicklung auf den nordamerikanischen Plains, wo sich eine Zeichensprache entwickelte, nachdem im 17. Jahrhundert durch die Einführung des Pferdes die Stämme mobiler wurden und Begegnungen fremdsprachiger Indianer untereinander sich häuften. Unbeschadet des Ausgangs der Kontroverse um die Schriftlichkeit in Teotihuacan ist ein scharfer Trennstrich gezogen zwischen den verarmten Nachfolgesystemen im Westen und im Zentrum Mesoamerikas und der entstehenden, sich stetig vervollkommnenden Maya-Schrift im Osten, der wir uns jetzt zuwenden.

4. Die Maya-Schrift in historischer Perspektive

Vor dem Hintergrund der Degeneration von Schriftsystemen in den epi-olmekischen und nachfolgenden Kulturen ist es zunächst erstaunlich, daß die Maya, die ja selbst nur am Rande mit den Olmeken in Berührung standen und auch ganz andere Sprachen hatten, die einzige Nachbarkultur waren, die das von den Olmeken Erreichte bewahrten, an ihre Sprachen anpaßten, weiterentwickelt und dabei den lautbezogenen Aspekt der

Schrift aufgegriffen haben. Doch kann man sich dieses Phänomen im Umkehrschluß von der oben erwähnten Hypothese zur kulturellen Regression erklären. Die vor allem lexikalisch große Ähnlichkeit der Maya-Sprachen untereinander und das Fehlen fremdsprachlicher Enklaven erlaubten es, eine Lautschrift auszubilden, ohne daß damit die Verständigung wesentliche Einbußen erlitt.

Im ganzen Maya-Tiefland, nicht jedoch im Hochland, verbreitete sich der Gebrauch dieser Schrift. Das verwendete System ist so einheitlich, daß ein heutiger Forscher kaum Schwierigkeiten hat, Texte beliebiger Herkunft zu lesen, wenn er an einem lokalen Textcorpus die Regeln des Maya-Schriftsystems erlernt hat. Veranschaulichen wir uns diese am Beispiel eines im Königshaus von Palenque gebräuchlichen Namens, der *Pakal* lautet und ‚Schild' bedeutet. So hieß nicht nur der bedeutendste Herrscher von Palenque (s. Kapitel IV), sondern auch sein Großonkel. Der Maya-Schriftgelehrte hat die Möglichkeit, den Namen *Pakal* mit einem Bildzeichen darzustellen, weil die Schrift über ein Zeichen, das ein ‚Schild' wiedergibt, verfügt (Abb. 1). Dieses Bildzeichen ist aber vermutlich nicht eindeutig

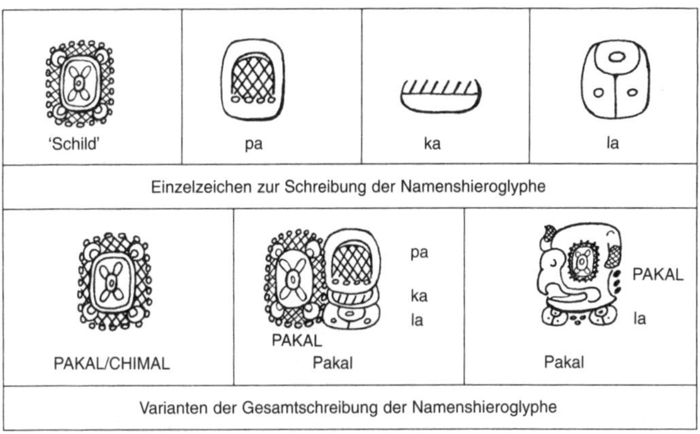

Abbildung 1: Hieroglypische Schreibung des Namens *Pakal*
(Entwurf und Ausführung B. Riese)

zu lesen, denn es gibt mehrere Wörter, die ‚Schild' bedeuten, unter anderem das Wort *chimal* (s. Tabelle 2). Um die Lesung der Namenshieroglyphe eindeutig zu machen, bedient sich der Schreiber der Silbenschrift. Er zerlegt das Wort *pakal* in Silben der Form Konsonant + Vokal, wobei an den isoliert stehenden wortabschließenden Konsonanten ein Vokal angehängt wird, so daß folgende Silbenreihe entsteht: *pa-ka-la*. Für jede dieser Silben verfügt er über ein Schriftzeichen. Diese muß er dann so zusammensetzen, daß eine ästhetisch ausgewogene rechteckige Hieroglyphe entsteht. Nun hat er grundsätzlich die Wahl, beide Schreibungen, das Bildzeichen und die syllabische Schreibung, zusammen zu benutzen, oder er kann abgekürzt zum Bildzeichen nur ein oder zwei Silbenzeichen hinzufügen, die bereits ausreichen, um Lesungsalternativen wie *chimal* auszuschließen. Das System ist im Grunde einfach; was der Forschung jedoch Schwierigkeiten macht und beim Laien vermutlich den Eindruck einer esoterischen Bilderschrift erweckt, ist die Formenvielfalt. Für die meisten Zeichen gibt es neben abstrakten, einfach zu schreibenden Formen auch als Kopf oder sogar Vollfigur ausgestattete Alternativen. Die letzte Schreibung des Namens *Pakal* in Abbildung 2 zeigt eine Schreibung mittels Kopfvariante. Dort ist, in einen Tierkopf, der zur Lesung nichts beiträgt, das Bildzeichen für ‚Schild' als Auge eingefügt. Auf Schreibökonomie und -geschwindigkeit kam es den Maya-Schreibern also offenbar nicht an, sondern auf Schönheit und Variation.

Texte im nördlichen und im südlichen Tiefland unterscheiden sich in den Formen der Zeichen und in der Syntax etwas voneinander. Das spiegelt vermutlich nicht nur künstlerische, sondern auch sprachliche Unterschiede wider. Aus der historischen Linguistik wissen wir, daß in diesen beiden Großregionen die verwandten, aber deutlich unterschiedenen Sprachen Yukatekisch im Norden und Proto-Cholisch im Süden gesprochen wurden und daß verschiedene Nachbarsprachen, zuerst das Mixe-Zoque, in späterer Zeit das Totonakische und schließlich eine Nahua-Variante von der mexikanischen Golfküste, ihren Einfluß geltend gemacht haben (Tabelle 2), wobei verschiedene Regionen unterschiedlich betroffen gewesen sein mögen.

Die frühesten Maya-Texte haben sich im südlichen Tiefland gefunden. Es sind fast ausschließlich Steininschriften, denn anderes hat sich kaum erhalten. Stele 29 aus Tikal (Abb. 2a) nimmt in ihrer Inschrift auf die Inthronisation des Herrschers *Voluten-Ahaw-Jaguar* von Tikal Bezug, die am 8. Juli 292 stattfand. Es gibt zwar noch frühere Inschriften, doch sind sie nicht genau datiert und sind meist illegal ergrabenes Plünderungsgut, so daß nicht einmal ihre örtliche Herkunft bekannt ist. Immerhin sind selbst diese Schriftzeugnisse erst Jahrhunderte nach dem letzten uns bekannten epi-olmekischen Vollschrifttext, der erst vor wenigen Jahren aus dem Schlammbett eines Flusses geborgenen Stele von La Mojarra, geschrieben worden. Wie erklären wir uns dann die Kontinuität trotz einer großen zeitlichen Lücke? Die Erklärung ist einfach: So wenige Texte aus der frühsten Zeit sind erhalten und datierbar, daß diese Zeitspanne zufällig undokumentiert ist. Die Lücke wird sich mit zukünftigen Funden schließen.

Erhalten hat sich der Gebrauch der Maya-Schrift an der Gebirgsabdachung in Chiapas in der Stadt Toniná (Abb. 2b) bis nach 900 und im nördlichen Tiefland sogar bis zur spanischen Eroberung, also noch einmal 600 Jahre länger. Aus der letztgenannten Region stammen die vier heute noch erhaltenen Faltbücher in Dresden, Paris, Madrid und Mexiko-Stadt. Aus der frühen Kolonialzeit verfügen wir auch über eine allerdings lükkenhafte und mißverständliche Beschreibung des Maya-Schriftsystems in dem *Bericht über die Angelegenheiten Yukatans* des Franziskaner-Mönchs Diego de Landa. Vereinzelt werden hieroglyphische Zeichen danach noch in Handschriften der Kolonialzeit, vor allem den Büchern des Jaguarpriesters, gebraucht (s. Kapitel VI); bei den Itsa am See von Tayasal, die erst um 1697 von den Spaniern unterworfen wurden, war die Hieroglyphenschrift sogar noch bis zu diesem Zeitpunkt in vollem Gebrauch. Die Maya-Schrift ist also über 1000 Jahre gut dokumentiert, und in Vorläufern und Ausläufern reicht sie nochmals um 500 Jahre weiter.

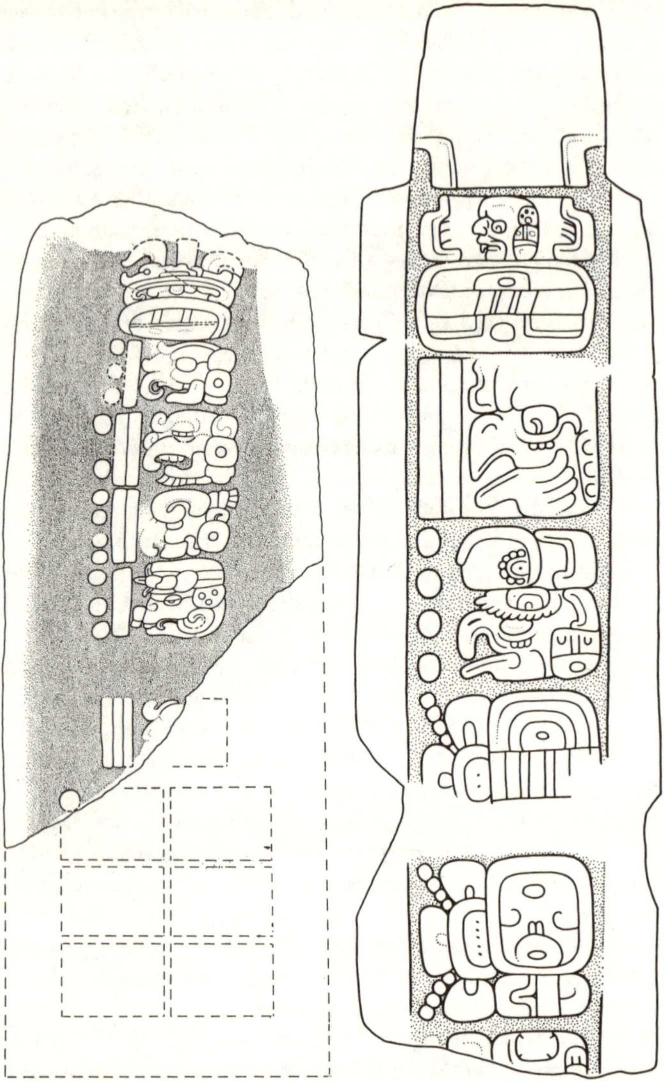

Abbildung 2: a) Tikal Stele 29. (Vorlage: University Museum, Philadelphia)
b) Toniná, Monument 101 (Zeichnung: Ian Graham; Vorlage: Tonina)

Die Maya-Schrift steht auch äußerlich in deutlichem Kontrast zu den anderen mesoamerikanischen Schriften. Maya-Hieroglyphen haben einen hohen Grad von Standardisierung und Abstraktion erreicht, und die Maya-Schrift hat als einzige eine auf dem auch von uns genutzten Prinzip des Stellenwertes basierende Zahlennotation entwickelt. Hieroglyphische Texte der Maya-Schrift sind außerdem sehr kompakt in Zeilen und Spalten geschrieben und oft völlig losgelöst von erläuternder bildlicher Darstellung (s. Abb. 5, S. 66). Hierin spiegelt sich zweierlei wider: Zum einen die Tatsache, daß sich die Maya-Schrift nach ihrer Entstehung auf epi-olmekischer Grundlage schnell und unabhängig von anderen mesoamerikanischen Schriften entwickelt hat, und zum zweiten, daß sie schon um 300 n. Chr. eine voll textfähige Schrift ist, die nicht mehr der Stütze mündlicher Erläuterungen und bildlicher Erklärungen bedarf. Diese Entwicklung spielte sich in einer Zeitspanne von rund 500 Jahren ab. Das will uns, in Anbetracht der langen Tradition und Beständigkeit unserer heutigen Schriftsysteme, unwahrscheinlich kurz erscheinen, ist aber zum Beispiel ebenso für die Entwicklung der sumerischen Schrift belegt und scheint damit in gewissem Grade eine schriftsystemimmanente Zeitspanne zu sein.

5. Mesoamerika: Ausdruck gemeinsamer Tradition

Um die vielfältigen kulturellen und soziopolitischen Gemeinsamkeiten, die sich, ausgehend von den Olmeken, über die Nachbarräume ausgebreitet haben und einem großen Gebiet ein einheitliches Gepräge verleihen, in einen Begriff zu fassen, nennt die Forschung diesen Raum „Mesoamerika" und definiert ihn als die erste Ausformung dessen, was in der kulturgeschichtlichen Ethnologie als Kulturareal bezeichnet wird (s. Karte 1). Dessen Vorhandensein impliziert jedoch keine vollkommene Homogenität im Innern, wo sich Enklaven wildbeuterischer und dem Zivilisationsprozeß fremd gegenübertretender Stämme erhalten konnten. Auch die Grenzen des Kulturareals unterlagen größeren Schwankungen, bedingt durch Einfälle nördlicher Barbaren, durch Regression im Kulturniveau oder auch durch Expansion zivilisierter Völker aus dem Areal hinaus. Der Kulturraum als solcher hat in der geschilderten Dynamik bis zur europäischen Landnahme Gültigkeit behalten; und wir werden im folgenden am Beispiel der Maya sehen, wie immer wieder großräumige Prozesse der Vereinheitlichung zu seiner Bewahrung beigetragen haben.

III. Die klassische Blüte der Maya-Kultur

1. Eine Naturkatastrophe als Auslöser

Eine Serie gewaltiger explosionsartiger Ausbrüche des Vulkans Ilopango im Osten Salvadors zerstörte mit Aschen- und Bimssteinregen um 250 n. Chr. weite Landstriche im heutigen Salvador und dem östlichen Guatemala. Auf 20 bis 40 Kubikkilometer wird der Ausstoß geschätzt, der das Land im Umkreis von 75 Kilometern tief unter Asche begrub. Die weniger direkten Folgen und klimatischen Auswirkungen dürften darüber hinaus beträchtlich gewesen sein. Die Bevölkerung der näheren Umgebung mußte, soweit sie überhaupt überlebt hatte, auswandern, da ihre Felder von Asche und Bimsstein bedeckt waren und sich diese Schicht erst nach Jahrzehnten chemisch in fruchtbaren Ackerboden zersetzt. Blühende Zentren, vor allem Chalchuapa, dicht am Ausbruchsherd gelegen, aber auch Kaminaljuyú im guatemaltekischen Hochland, wurden so sehr in Mitleidenschaft gezogen, daß sie zu Bedeutungslosigkeit hinabsanken.

Insgesamt mögen vielleicht 30 000 Menschen vor dem Ausbruch und seinen Verwüstungen geflohen sein, von denen sicher einige tausend bis ins südliche Tiefland vordrangen. Sie brachten ihre zivilisatorischen Errungenschaften mit und paßten sie der neuen Umgebung an. Die Konzeption der gestuften Ziegel- und Lehmpyramide mit abgeflachter Spitze und darauf errichtetem Holz- und Palmdach-Tempel setzten die Tiefland-Maya in steinerne Stufenpyramiden mit ebenfalls meist aus Stein errichteten Hochtempeln um. Das flache, aus Holzbalken und Zement gefügte Dach genügte den statischen Ansprüchen steinerner Monumentalarchitektur nicht. Die Baumeister des Tieflandes machten sich deshalb die bis dahin wenig genutzte zapotekische Erfindung des Kraggewölbes zu eigen. Erst haben sie es, wie die Zapoteken, für Grabkammern verwendet, doch setzten sie es bald dazu ein, in Tempeln und Palästen schwere Lasten in Form von mehreren Stockwerken und massiven Dachkämmen zu tragen. Schließlich fanden Städteplaner der

Maya zu einer in ihrer Konzeption zeitlosen Anlage: Auf einer niedrigen rechteckigen Plattform aus Bruchsteinschüttung und Zementdecke werden an drei oder vier Seiten Pyramiden der geschilderten Art oder langgestreckte Plattformen mit krönenden Häusern (sogenannten Palästen) errichtet. Die Gebäude umschließen einen erhabenen, nach einer Seite oder an den Ekken offenen Platz. Diese Grundkonzeption blieb im Tiefland fortan gültiges Schema. Die Paläste sind langgestreckte, meist einstöckig auf einer niedrigen Plattform errichtete Bauwerke und sind über eine breite Treppenflucht zugänglich. Ihre Räume sind zum Treppenaufgang hin offen, und von dort kann man den davorliegenden großen Hof überblicken. Die Räume können aber auch mit Vorhängen verschlossen werden, wie aus Seilhaltevorrichtungen an den Türlaibungen ersichtlich ist. In ihnen befinden sich im spitzen Giebel Querbalken zum Aufhängen von allerlei Habseligkeiten. Sonst sind meist an Rück- und Seitenwänden gemauerte und mit einem Estrich überzogene breite Schlaf- und Sitzbänke angebracht. Fenster hatten die Räume nicht, allenfalls kleine Mauernischen. Die Wände waren sorgfältig verputzt und gelegentlich farbig ausgemalt. In der Mehrzahl waren sie Schlafkammern und Orte herrscherlicher Rituale. Das tägliche Leben spielte sich vor dem Haus auf der Plattform, auf den Treppen und im darunterliegenden Hof ab. Auch gekocht wurde meist im Freien oder unter einfachen und luftigen Strohdächern. Spezialisierte Räume oder Bauteile, wie man sie in einer Hochkultur für die wohlhabenderen Schichten, aber vor allem für verschiedene Berufssparten erwartet, gab es kaum. Schwitzbäder mit Kanalisation für den Wasserzu- und -abfluß sowie Entwässerungsanlagen für die zementierten und daher regenwasserundurchlässigen Höfe und Ballspielplätze sind in ihrer Zweckbestimmung deutlich erkennbare Spezialbauten, die sich aber nur in den größeren Zentren finden. Andere Bauten sind in ihrer Funktion noch umstritten. So vermutet man von manchen weiten offenen Plätzen, daß sie als Märkte gedient haben, und von einigen Palästen, daß sie Lagerhallen oder Versammlungshäuser für bestimmte Berufsgruppen waren. Einwandfrei geklärt ist die

Funktion der „Chultunes“ genannten flaschenförmigen unterirdischen Kammern: Im südlichen Tiefland dienten sie als Nahrungsmittelspeicher, im nördlichen, wo es kein Oberflächenwasser in Form von Flüssen gibt, als Trinkwasserzisternen. In beiden Regionen hat man dafür Sorge getragen, daß sie mit einem steinernen Stopfen gut verschlossen werden können.

Eine besonders markante Neuerung ist die Entwicklung der polychromen Malerei. Immer schon haben die Maya ihre Pyramiden und den Fassadenschmuck ihrer Tempel bemalt. Doch zunächst überwog flächige Applikation von Rot, was auf dem weißen Untergrund des Verputzes eine intensive Wirkung hervorbringt. Jetzt, im beginnenden Klassikum, wird die Farbpalette vielfältiger: Blau und Grün, Braun, Rosa und Schwarz treten hinzu, damit die szenische Ausmalung von Innenräumen einhergeht. Von solchen Wandmalereien ist allerdings wenig erhalten, Bauwerk 1 in Bonampak gibt einen Eindruck von der üppigen Innenraumausmalung, die sich übrigens auch in einigen reichen Gräbern findet. Die vielfarbige Bemalung von Tongeschirr setzt jetzt ebenfalls ein, sie begegnet uns auf Tellern, Schüsseln, Bechern mit oder ohne Deckel und vielen anderen Formen. Hier schwelgten hervorragende Künstler in phantastischen Unterweltszenen und in der üppigen Darstellung von Hofritualen ihrer Auftraggeber. Mancher Künstler war so selbstbewußt und angesehen, daß er sein Kunstwerk signierte, eine in Altamerika einmalige Sitte, die wir sonst vor allem von der griechischen Vasenmalerei kennen. Freilich dürften solche feinbemalte Tonwaren ein kostspieliges Privileg weniger hochrangiger Personen gewesen sein. Und so besteht wahrscheinlich ein innerer Zusammenhang zwischen dem Aufschwung der Kunst und den im nächsten Absatz berichteten politischen Entwicklungen. Uns sind die bemalten Tonwaren als Grabbeigaben bekannt, die in ihrer großen Mehrzahl durch Plünderung und Zerstörung bei Raubgrabungen zutage kommen und dann undokumentiert vom Kunstmarkt weiterverteilt werden. Nur wenn ausnahmsweise eine Inschrift Nachricht von der Herkunft eines solchen Kunstwerkes gibt, der Maler es signiert hat oder das Atelier aufgrund des Stils erkennbar ist, können wir diese Tonwaren als historische und religionsgeschichtliche Quellen auswerten.

Es ist sicherlich kennzeichnend, daß wir als Abschluß des Übergangs zum Klassikum – man nennt diese kaum 100 Jahre dauernde Phase auch das Protoklassikum – die ersten Dynastiegründungen im Maya-Tiefland fassen können. Zuerst scheint nach Aussage hieroglyphischer Inschriften und meiner Hochrechnung um 200 n. Chr. in Tikal eine königliche Dynastie begründet worden zu sein. Andere Orte folgen im Abstand von Jahrzehnten: zunächst Yaxchilán um 280, Naranjo um 320, Copán um 360 und als letzte große Maya-Stadt Palenque erst um 390. Nach 200 Jahren also ist das ganze Tiefland von einem Netz kleiner Fürstentümer überzogen. Sie alle verherrlichen ihre Könige und schildern deren religiöse und rituelle Pflichten und manchmal sogar ihre göttliche Abstammung in Inschriften und Bilddarstellungen auf Stelen, monumentalen Treppen und Wandtafeln.

Die hier skizzierten kulturgeschichtlichen Prozesse des Übergangs von epi-olmekischen Hochlandkulturen des späten Präklassikums zur frühklassischen Kultur der Tiefland-Maya sind allerdings in hohem Maß hypothetisch. Es fehlt noch weitgehend an direkten archäologischen Daten, die diesen Übergang Schritt für Schritt und in allen Kulturbereichen dokumentieren; und es sind auch noch große geographische Lücken zu schließen sowie zeitliche Diskrepanzen zwischen Hochland und Tiefland zu klären.

Auch das nördliche Tiefland erlebte in dieser Zeit einen stetigen, nur am Ende beschleunigten Bevölkerungsschub, einhergehend mit architektonischen und technischen Verbesserungen. Wir erkennen das vor allem am Anwachsen einiger Städte. Während der äußerste Norden Yukatans ziemlich isoliert und eigenständig blieb und das südliche Grenzgebiet vielleicht durch Konflikte kriegerischer Art bewegt war, so beobachten wir an der Ostküste Yukatans intensive Handelskontakte zum südlichen Tiefland. Hier, an der karibischen See, setzte sich eine handelsorientierte und damit weltoffene Lebensform durch, die von nun an in allen Epochen der weiteren Entwicklung erkennbar bleibt. Die Ostküste ist gerade für den Handel besonders geeignet, denn fast in ihrem ganzen Verlauf ist sie durch Korallenriffe geschützt und weist zahlreiche gute Naturhäfen auf. Die Maya, die nie Hochseefahrer waren, konnten in ihren großen, aber nicht hochseetüchtigen Einbäumen an beiden Seiten der Halbinsel entlang der Küste einigermaßen gefahrlos ganz Yukatan umschiffen. In die großen Ströme des Río Ulua, des Río Motagua, des Belize River und des Río Hondo einfahrend, gelangten sie tief in den Petén und nach Belize. Eine kürzlich entdeckte Kai-Anlage am Río Motagua in Quiriguá zeigt, daß Flußschiffahrt tatsächlich eine Rolle spielte; im äußersten Norden der Halbinsel ist ebenfalls erst vor wenigen Jahren eine heute unter den Meeresspiegel versunkene Seehafenanlage auf der Insel Cerritos entdeckt worden.

Es ist wichtig, den Übergang von den epi-olmekischen Kulturen zu den frühklassischen Maya auch im Bereich der Sprachen zu verfolgen. Denn jetzt scheinen verschiedene Maya-Sprachen, Vorformen der Chol-Sprachen und des Yukatekischen, involviert zu sein. Die einstigen Mixe-Zoque Kulturbringer waren sprachlich inzwischen assimiliert oder aus dem Maya-Gebiet zurückgewichen.

2. Fremdbestimmung durch Teotihuacan

Die Zeit von 400 bis 610 nennen wir das Mittelklassikum und definieren sie als eine Zeit übermächtigen Einflusses der Wirtschaftsgroßmacht Teotihuacan im nördlichen Hochtal von Mexiko.

Kaminaljuyú im Maya-Hochland erreicht unter Teotihuacan-Einfluß seine zweite kulturelle Blüte. Die Umformung der nicht mehr bedeutenden frühklassischen Maya-Stadt ist so direkt und stark, daß manche Forscher politische oder militärische Präsenz von Teotihuakanern annehmen. Für benachbarte Orte im Hochland und an der Pazifikküste, z.B. Tiquisate, rechnet man hingegen eher mit indirektem Einfluß, also wirtschaftlicher und/oder kultureller Durchdringung.

Auch für die immer noch rätselhafte Kultur von Cotzumalhuapa nimmt man im Gefolge der teotihuakanischen Präsenz Eindringlinge von Norden als Träger an. Vielleicht sind dies die ersten nahua-sprechenden Indianer, die sich bis zur Ankunft der Spanier in verschiedenen Wellen über das südliche Mesoamerika und tief nach Zentralamerika ergossen haben und die in den Quellen *Pipiles* (d. h. ‚Fürsten') genannt werden. Wenn diese Vermutung zutrifft, haben wir es hier mit der frühesten Gruppe der späteren Tolteken und Azteken genannten Stämme zu tun. Die Kultur von Cotzumalhuapa beschränkt sich auf ein Gebiet von knapp 8000 Quadratkilometern an der pazifischen Abdachung Guatemalas um den gleichnamigen Ort und ist uns vor allem durch grandiose Steinskulpturen vertraut, die sich jetzt im Berliner Völkerkunde-Museum befinden.

Die teotihuakanischen Zentren im Hochland, allen voran Kaminaljuyú, unternahmen vermutlich wirtschaftliche, diplomatische, ja vielleicht sogar militärische Vorstöße ins zentrale Tiefland. Besonders stark ist der Einfluß in Tikal. Aber auch in den benachbarten Städten Yaxhá, Uaxactún und dem weiter nördlich gelegenen Becán ist dieser Einfluß nachzuweisen. Selbst noch in der weit im Norden Yukatans gelegenen alten Stadt Acanceh zeigte ein Stuckfries an einer der großen Pyramiden, der heute leider zerstört ist, deutlich teotihuakanische Inspiration.

Ähnliches ist auch, allerdings sehr abgeschwächt, im äußersten Osten des Maya-Gebietes, in Copán und darüber hinaus in Zentralamerika zu beobachten. Auch in sprachlicher Hinsicht macht sich der Kontakt Teotihuacans mit dem Maya-Gebiet geltend (s. Tabelle 2, S. 29).

Das Maya-Gebiet war insgesamt schließlich in so große Abhängigkeit von Teotihuacan geraten, daß mit dem Rückzug Teotihuacans aus seinen südlichen Vorposten wegen Schwierigkeiten in seinem Kerngebiet die führenden Maya-Städte eine schwere Krise durchmachten. Man nennt diese Krise den „Hiatus", denn man konnte sie ursprünglich vor allem durch den Rückgang oder das fast gänzliche Fehlen von Inschriften während der etwa 75 Jahre von 535 bis 610 fassen. Erst später wurde ein ursächlicher Zusammenhang mit dem Niedergang Teotihuacans vermutet, der heute den Kern der vorherrschenden Hypothesen zur Erklärung des Hiatus darstellt. Wenn die Maya-Dynastien im Tiefland ihre Entstehung dem Vorbild oder sogar dem direkten Einsetzen teotihuakanischer Herrscher verdankten, ist einsichtig, daß der Zusammenbruch dieser Großmacht auch die epigonalen Maya-Fürstentümer erschütterte. Der Rückzug Teotihuacans mag also der Grund für das plötzliche Verstummen des öffentlichen Herrscherkultes in der Form von Stelen sein. Gleichzeitig mögen teotihuakanisch dominierte Überlandfernhandelsrouten zwischen Zentralmexiko, dem Maya-Hochland und von dort zum Tiefland, die nun auch nicht mehr zur Verfügung standen, erst allmählich durch nördlichere Seerouten ersetzt worden sein. Daß der damit einhergehende zeitweilige Zusammenbruch des Fernhandels so massive Folgen für die Elite haben konnte, wird verständlich, wenn wir bedenken, daß die dortige Elitekultur von eingeführten Rohstoffen oder Fertigwaren abhängig war: Jade-Perlen für den Körperschmuck, Quetzalfedern für Fest- und Kriegstrachten und Obsidian für Waffen mußten allesamt aus dem Hochland eingeführt werden. Aber bis heute ist nicht endgültig geklärt, ob diese Ursachen ausreichen, eine so große und wirtschaftlich prosperierende Region wie das Maya-Gebiet so nachhaltig zu erschüttern, oder ob es nicht unerkannte weitere Ursachen gab.

3. Spätklassische Stadtstaaten im Tiefland

Als sich Tikal und die anderen Maya-Städte um 610 aus der Krise wieder hochgearbeitet hatten, war der ehemals starke Teotihuacan-Einfluß völlig verschwunden. Die jetzt einsetzende Epoche heißt das Spätklassikum, ihre Kultur stelle ich hier im Rahmen des Modells von Kleinstaaten mit einer geschichteten Gesellschaft dar. Diese Gesellschaften werden wesentlich von politischen und wirtschaftlichen Faktoren und erst in zweiter Linie auch von Weltbild und Religion gesteuert. Früher verwendete Vorstellungen einer Theokratie, die das Religiöse betonten, oder einer Demokratie, die ganz auf die politische Verfassung abgestellt waren, werden in ihrem Totalanspruch von den Daten nicht getragen.

Die Maya-Stadtstaaten im Tiefland können wir uns ähnlich der Polis des klassischen Griechenland vorstellen: Ein großer Ort mit seinem unmittelbaren Umland, worin sich auch einige nachgeordnete Landstädte, im übrigen aber kleine bäuerliche Zentren und Streusiedlungen finden. Sicher ist, daß zum Ende des Klassikums die Wohnbevölkerung gerade in den Zentren so zunahm, daß man von voll ausgebildeten Städten und folglich auch von Stadtstaaten sprechen kann und sich nicht von dem früher oft gebrauchten Bild fast menschenleerer Zeremonialzentren in die Irre führen lassen sollte.

Bauern

Das wirtschaftliche Fundament der Gesellschaft sind die Bauern. Lange nahm man an, daß sie allein durch Brandschwendbau auf der Grundlage von Mais, Bohnen und Kürbis mit mehrjähriger regenerativer Brache ihre eigene und die Ernährung der Elite sicherten. Diese nach dem aztekischen Wort für ‚Maisfeld' *Milpa* genannte Agrarform ist in ihrer Einförmigkeit allerdings den unterschiedlichen Umweltbedingungen im Maya-Land nicht optimal angepaßt. So ist es nicht erstaunlich, daß neuere agrargeographische Forschungen ergeben haben, daß die Palette der angebauten Früchte nicht auf Mais, Bohnen und Kürbis beschränkt war, sondern auch Süßkartoffel, Yucca, Kakao, Zapote, Avocado, Ramón-Nuß, Tomate und vieles andere umfaßte. Außerdem konnten sehr verschiedene Anbauverfahren im *Milpa*-System, vor allem Formen künstlicher Be- und Entwässerung, archäologisch nachgewiesen oder ethnographisch hypostasiert werden. Fischteiche, durch Kanäle bewässerte Felder, erhabene Feldfluren in Überschwemmungsgebieten, Terrassen und Staudämme in Hanglagen und tropische Gartenwirtschaft kamen jeweils in den für sie geeigneten Gegenden zum Zuge. Hier tauchen in einer unvermuteten Form Aspekte der „hydraulischen" Grundlage von Zivilisation wieder auf, die aller-

Karte 2: Das Maya-Gebiet im Klassikum.
(Entwurf und Ausführung: B. Riese)

dings faktisch kaum mehr mit den Modellkonstruktionen und theoretischen Postulaten der orientalischen (= hydraulischen) Despotie nach Karl Wittfogel in Einklang zu bringen sind.

Ob diese landwirtschaftlichen Produktionsmethoden als Antwort auf zunehmenden Bevölkerungsdruck oder auf den politisch und ideologisch verursachten Konzentrationsprozeß zur Siedlungsverdichtung in Städten zurückzuführen sind, ist ungeklärt und sollte deshalb eine zentrale Frage zukünftiger agrargeschichtlicher Forschung im Maya-Gebiet sein.

Die Bauern lebten im Familienverband in kleinen gehöftartigen Anwesen. Die Häuser wurden in einfachem Holzständerwerk errichtet; die Wände stellte man aus aufrecht gestellten dünnen Stangen her, die umflochten und mit Lehm beworfen wurden, und das Giebeldach wurde mit Palmblättern oder Gras gedeckt. Zum Schutz vor Überschwemmungen während der Regenzeit errichtete man diese Häuser auf niedrigen Hauswarften. Jedes Gehöft bestand aus mehreren Wohnhäusern und schloß das eine oder andere Wirtschaftsgebäude wie Küche und Vorratsgebäude ein. In Anlehnung an die kolonialzeitliche und moderne Sozial- und Siedlungsstruktur nimmt man an, daß die bäuerliche Bevölkerung patrilineare erweiterte Familien kannte und diese auch die Wohnverbände der vorgefundenen Gehöfte waren.

Gelehrte

Qualifizierte Kunsthandwerker, also Maler, Stukkateure, Steinmetze, Schmuck- und Kleidermacher, nahmen vermutlich einen höheren Rang als die Bauern ein. Die Existenz dieser Berufsgruppen und die Frage, ob sie Teilzeit- oder Vollzeitspezialisten waren, ist allerdings noch weitgehend ungeklärt, da sie archäologisch nur durch Flächengrabungen, quantifizierte Daten und deren statistische Auswertung nachzuweisen sind, was bisher nur an einigen Grabungsorten in Ansätzen, z.B. für Obsidian-Werkstätten, versucht worden ist. Für gesicherte Verallgemeinerungen verfügen wir also über zu wenige Daten. Klarer sehen wir, dank zahlreicher Bilddarstellungen und gelegentlicher Erwähnungen in Hieroglyphentexten, bei der Rangposition von Angehörigen der weltlichen und religiösen Verwaltung, die wir uns als Palast- und Tempeldiener, als Buchhalter und Steuereinnehmer, als Lehrer und Hofchronisten und als Kalenderpriester, also im weitesten Sinne als Gelehrte, vorstellen können.

Grundlage des Berufes eines Kalenderpriesters war das Beherrschen der Arithmetik und der Hieroglyphenschrift (Abb. 3). In allen Maya-Sprachen sehr ähnlich finden wir ein systematisch ausgebildetes vigesimales Zahlensystem, auf dessen Grundlage die Hieroglyphenschrift mit nur drei Zeichen beliebig hohe Zahlen zu schreiben vermag (s. Abb. 1, S. 31). Was mußte ein Kalenderpriester oder ein als Hofchronist tätiger Gelehrter außer den einfachen Grundlagen des Zählens und Rechnens noch beherrschen? Zunächst einmal den Kalender. Ein Sonnenjahr von 365 Tagen war Grundlage des Maya-Kalenders, und die Maya haben dies in frühklassischer Zeit oder davor bereits von den Epi-Olmeken übernommen. Entsprechend dem Vigesimalsystem der Zahlen war das Jahr in 18 Abschnitte zu jeweils 20 Tagen eingeteilt. Die restlichen 5 Tage wurden am Ende angefügt. Jeder so gebildete Monat hatte einen Namen. Bei den Yukateken waren es zur Zeit der spanischen Eroberung:

Abbildung 3: Rechenunterricht. Ausschnitt aus einem Vasenbild. (Zeichnung: B. Riese)

Pop, Wo, Sip, Sots', Sek, Xul, Yaxk'in, Mol, Ch'en, Yax, Sak, Keh, Mak K'ank'in, Muwan, Pax, K'ayab, Kumk'u, Wayeb.

Diese Monatsnamen scheinen in ihrer Bedeutung keinen engen Bezug zu den Jahreszeiten oder zu bestimmten Festen gehabt zu haben, denn sie sind zum großen Teil aus alter Zeit tradiert, vielleicht sogar aus fremden Kulturen und Sprachen übernommen; und sie hatten daher wohl auch für die spätklassische Maya keine über ihre kalendarische Funktion hinausgehende Bedeutung mehr. Hierin sind sie unseren Monaten nicht unähnlich, von denen auch kaum jemand mehr die ursprüngliche römische Bedeutung kennt. Die einzelnen Tage innerhalb jeden Monats wurden durch eine dem Monatsnamen vorangestellte Zahl von 0 bis 19, bzw. beim letzten, kürzeren Monat von 0 bis 4 gekennzeichnet. So konnte man, ähnlich wie in unserem Kalender, jeden einzelnen Tag im Jahr benennen.

Während der Jahreskalender alltäglichen öffentlichen Zwekken dient, ist Wahrsagerei eine mehr klientenbezogene Tätigkeit. Zum Wahrsagen benützen noch heute Quiché-, Ixil- und Mam-Indianer im Hochland von Guatemala den altüberlieferten Wahrsagekalender von 260 Tagen Länge, der früher bei allen Maya-Gruppen in Gebrauch war (s. auch Kapitel VI). Der Ratsuchende geht ins Haus des Wahrsagers und trägt ihm sein Anliegen vor. Ist der Wahrsager bereit, sich des Falles anzunehmen, bestimmen sie gemeinsam mit dem Bohnenorakel einen günstigen Tag. An diesem wird gebetet, Trankopfer werden den Göttern dargebracht, und der Wahrsager erteilt dem Ratsuchenden nach genauer Befragung Verhaltensmaßregeln und eine Prognose für die Lösung des Problems oder den Ausgang der beabsichtigten Unternehmung. Dazu gibt ihm das mehrmalige Auslegen des Bohnenorakels und die Stimme des Blutes, die er in seinen Gliedern verspürt, ebenso Anhaltspunkte wie seine vorherige Anamnese des Klienten. Der Wahrsager wird vom Klienten großzügig bezahlt, vor allem wenn Opfer auf Bergschreinen und andere Tätigkeiten seitens des Wahrsagers erforderlich sind. So kommt es, daß zahlreiche Quiché-Wahrsager noch heute sich und ihre Familie mit diesem Beruf ernähren können. Kein astronomisches Phänomen kann die Länge des Wahrsagekalenders begründen; doch scheint er, wie Schultze Jena in Chichicastenango und Momostenango herausgefunden hat, auf dem Phänomen der menschlichen Schwangerschaftsperiode zu beruhen. Unbeschadet diesen Ursprungs haben indianische Mathematiker den Zyklus schon früh in vorspanischer Zeit analytisch in die Faktoren 13 und 20 zerlegt, denn 13 mal 20 = 260. Und so haben sie zwei kürzere Zyklen geschaffen, die durch Permutation alle 260 Tage des Wahrsagekalenders bezeichnen. Diese Permutation wird sprachlich einfach als Verknüpfung der Zahlworte für 1 bis 13 mit den Namen für die Elemente des 20er Zyklus gebildet. Die Namen des Zwanziger-Zyklus bezeichnen teils Tiere, teils Naturgewalten und zu einem Rest abstrakte oder auch altüberlieferte, nicht mehr verstandene Begriffe. Sie lauten bei den Quiché:

> *imox, iq'* (Wind), *ak'abal* (Nacht), *k'at, kan, kame, keh, q'anil, toh, tzi', bats'* (Brüllaffe), *e* (Zahn), *ah* (Schilfrohr), *ix* (Jaguar), *tz'ikin* (Vogel), *ahmak, no'h, tihax, kawuq* und *ahpu* (Blasrohrschütze).

Ein Wahrsagetag bei den Quiché heißt dann also zum Beispiel *wukub bats'* (Sieben Brüllaffe). Der darauffolgende heißt *wahxakib e* (Acht Zahn) und so fort. Der Wahrsagekalender ist, wie der Jahreskalender, zyklisch; d.h. auf den letzten Tag eines Zyklus folgt der erste Tag des nächsten und so fort.

Wenn man den Zyklus von 260 Tagen mit dem 365tägigen Jahr permutiert, ergeben sich 52 aufeinanderfolgende Jahre, in denen jeder Tag eine andere Bezeichnung trägt. Eine Tagesbezeichnung dieses Systems setzt sich daher aus Elementen der beiden anderen zusammen. Der dadurch gebildete Großzyklus von 18980 Tagen (das sind genau 52 Jahre zu je 365 Tagen oder 73 Wahrsagezyklen zu je 260 Tagen) heißt Kalenderrunde und war die höchste Einheit der Zeitrechnung bei den meisten mesoamerikanischen Völkern in spätindianischer Zeit. Mixteken und Azteken kannten zum Beispiel kein darüber hinausgehendes Maß, den Ablauf der Zeit zu bezeichnen. Nicht so die Maya; sie kannten und bewahrten noch weitere Systeme, darunter die für die historische Chronologie besonders wichtige Tageszahl, deren System sie aus der epiolmekischen Schrift übernommen haben (s. Abb. 1, S. 31).

Alle kalendarischen und astronomischen Zyklen und Systeme haben bei den Maya letztlich wahrsagerischen und religiös-spekulativen Zwecken gedient. Es ist nämlich das Bestreben des Kalendergelehrten, die wahrsagerisch bedeutenden Zyklen durch Permutation untereinander und mit historischen Daten zu verknüpfen und dadurch etwas über das Geschick der Klienten, des Herrschers und des eigenen Volkes in Erfahrung zu bringen. Besonders wichtig in klassischer Zeit war dabei offenbar die Planung von Kriegszügen. Hier kam, wie der Bonner Forscher Werner Nahm und andere meinen, dem Planeten Venus eine aussagende Rolle zu. Wahrsagepriester hatten dadurch, wie wir es auch aus anderen Kulturen und Zeiten kennen, einen beträchtlichen Einfluß auf das politische Geschehen.

Solche lebenspraktischen Ziele sind dann auch zum Ausgangspunkt zweckfreien Spielens und Forschens geworden. So wurden Berechnungen spekulativ weit in die Vergangenheit und Zukunft projiziert, und sie dienten damit dem Erkenntnisdrang und dem Bestreben, hochkomplexe mathematische Systeme zu durchschauen. Wir können also durchaus behaupten, daß hier Anfänge reiner Mathematik zu beobachten sind, wie sie sonst vor allem Babylonier, Griechen, Araber und Inder zur Menschheitsgeschichte beigetragen haben.

Adel

Die zahlenmäßig kleinste, politisch aber maßgebende Schicht war der untereinander versippte Hochadel. Er war, wie das einfache Volk auch, patrilinear organisiert. Polygynie war möglich, aber wohl nicht häufig, wie aus Inschriftentexten hervorgeht. Zum Hochadel konnte man wohl nur durch Geburt oder Einheirat gehören. Ihm entstammten die Könige der Stadtstaaten, die Statthalter untergeordneter Städte und vermutlich der höhere Klerus. In bezug auf den höheren Klerus hat die Forschung aber noch nicht das letzte Wort gesprochen; es ist keineswegs klar, ob politische und religiöse Führung getrennte Gesellschaftsbereiche waren, oder ob nicht doch das als überholt angesehene Modell einer Theokratie wiederaufzugreifen ist, nach dem der König und die ihm Nahestehenden auch priesterliche Funktionen innehatten. Zumindest können wir auf Vasenbildern, unserer Hauptquelle für das klassische Leben und die Gesellschaftsverfassung in den Stadtstaaten, keine Unterschiede zwischen religiös Tätigen und weltlichen Dingen nachgehenden hochrangigen Personen feststellen.

Rituale

Neben den auch uns geläufigen politischen Aufgaben der Repräsentation, der Lenkung von Staatsgeschäften, dem Schlichten von Streit, der Aufsicht über das Zusammenleben und dem Schwelgen im Essen und Trinken (Dickleibigkeit war, wie in Ostasien, ein Statussymbol) fallen merkwürdig anmutende Pflichten auf: Die Selbstkasteiung durch schmerzliches Durchbohren von Zunge oder Penis (s. Kapitel IV, Abschnitt 2), das Tanzen in vollem Herrscherschmuck und das Sich-Berauschen an halluzinogenen Flüssigkeiten in der Form von Einläufen *per anum*. Auch das Rauchen von Zigarren, eine Erfindung der Maya-Indianer, gehört zu diesen psychotropen Techniken, die auf rituelle Anlässe beschränkt waren; das Rauchen war keineswegs, wie es heute weltweit der Fall ist, eine Alltagsbeschäftigung und Sucht. Diese Riten sind in der Regel schmerzhaft und mit körperlichem Unwohlsein verbunden. Auf vielen Darstellungen werden die Opfernden deshalb von Dienern gestützt, damit sie nicht vor Schmerz zusammenbrechen oder, wenn sie sich nach dem Trinken eines Absuds aus dem Giftschleim der Kröte *Bufo Marinus* und anderer Ingredienzien übergeben müssen, sich nicht die Kleidung bespucken.

Der Herrscher muß sich außerdem im Ballspiel hervortun, denn dieses Spiel ist eine zentrale Kultübung. Zwei Parteien stehen sich gegenüber. Die Mannschaftsstärke variiert; deshalb gibt es Ballplätze unterschiedlicher Größe. In einer Variante muß man den Ball durch einen kleinen Steinring hoch an der

Begrenzungsmauer des Platzes hindurchtreiben und darf dabei nur das Gesäß und vielleicht die Ellenbogen benutzen. Es gibt auch Handballspiele und solche, bei denen die Punkte anders gewonnen werden als durch das Treffen einer Ringöse. Der Ball ist aus Naturgummi, den man aus der Baummilch von *Hevea*-Arten gewinnt. Sie sind wohl stets massiv gewesen, und wegen ihres Gewichtes meist klein. Dennoch muß man, um sich nicht zu verletzen, dicke Lederpolster an den Körperteilen tragen, mit denen der Ball in Berührung kommt.

Die Bedeutung, die dem Ballspiel im Kult und, als dessen Reflex, im Mythos zukommt, wird aus dem *Popol Vuh* deutlich. Die Urväter der Quiché *Hun Hunahpu* (‚Eins Blasrohrschütze') und *Vucub Hunahpu* (‚Sieben Blasrohrschütze') hatten die Unterweltgötter mit ihrem Ballspiel auf der Erde erzürnt und mußten darob sterben. Doch ihre Söhne *Hunahpu* (‚Blasrohrschütze') und *Xbalanke* (‚kleiner Jaguar-Hirsch'?) finden die im Haus ihrer Großmutter versteckten Ballspielgeräte und können der Versuchung nicht widerstehen:

Sie aber freuten sich und gingen fort, auf dem Ballplatz zu spielen. Lange spielten sie Ball, sie allein, und hatten den Ballplatz ihrer Väter gefegt. Das hörten gar wohl die Fürsten von Xibalba: „Wer sind die, die hier wieder das Spiel über unseren Köpfen anfangen und sich nicht im Mindesten scheuen, herumzutoben?"

Daraufhin werden *Hunahpu* und *Xbalanke* vom Vogel *Voc* vor die Herren der Unterwelt zitiert, um sich mit ihnen im Ballspiel zu messen.

Und alle Fürsten befahlen sie zu sich: „Auf, laßt uns ein Ballwettspiel machen, Ihr Jünglinge!" … „Wohlan, laßt uns diesen, unseren Ball gebrauchen!" sagten die Xibalbaner. „Nein, nicht diesen sollt ihr gebrauchen, sondern den Unsrigen!" entgegneten die Jünglinge. „Keineswegs diesen, sondern den Unsrigen!" entgegneten wieder die Xibalbaner.

Die Jünglinge geben schließlich nach, und bald zeigt sich der Betrug der Fürsten von *Xibalba*, die ein Dolchmesser in ihrem Ball versteckt haben.

„Was ist das?" riefen Hunahpu und Xbalanke, „Den Tod wünscht ihr uns! Habt Ihr uns nicht eiligst rufen lassen, und haben sich nicht Eure Boten

aufgemacht? Wahrlich, wir sind beklagenswert, laßt uns bloß weggehen!" sagten die Jünglinge zu ihnen. Denn das war ja den Jünglingen zugedacht: Daß sie sofort an Ort und Stelle an dem Dolchmesser zugrunde gehen, daß sie überwältigt werden sollten. Jedoch so kam es nicht, sondern die von Xibalba wurden von den Jünglingen überwältigt.

Die kultische Rolle, die dem Ballspiel bereits im Klassikum zukommt, können wir aber nur schemenhaft erfassen. Vasenbilder und einige Steinreliefs, darunter die Treppe von Bauwerk 33 in Yaxchilán (s. Kapitel IV, Abschnitt 2), zeigen Szenen mit zwei gegnerischen Spielern auf dem Ballplatz, noch öfter jedoch auf einem Hof und gegen die Treppen spielend. Gelegentlich zeigt ein gebundener Gefangener auf dem übergroß wiedergegebenen Ball oder gar die Opferung eines solchen mit dem Dolchmesser, daß eine Variante dieses Kultdramas mit dem Tod einer Partei endete; daß also die Absicht der Unterweltgötter, wie sie das *Popol Vuh* darstellt, im Kult nachvollzogen wurde. Diese Korrespondenz von Mythos und Kult erstaunt den Ethnologen nicht; sie ist weltweit zu beobachten, wie der Frankfurter Religionsethnologe Adolf Ellegard Jensen nachgewiesen hat. Man hat sich dann aber immer wieder gefragt, welche Glaubensvorstellung dieses grausame Ritual legitimieren mag, und man greift zur Erklärung gern auf die ebenfalls weltweit verbreitete Vorstellung zurück, daß solche Menschenopfer die Fruchtbarkeit der Felder, des Herrschergeschlechtes oder auch des Staates sichern sollen. So etwas mag auch bei den Maya dahinterstehen, doch sicher wissen wir es nicht; denn selbst das *Popol Vuh,* unsere einzige einigermaßen authentische Quelle zur Religion, schweigt sich über die Ätiologie des Rituals aus.

Totenkult

Gewiß kam jedem Maya nach seinem Ableben eine anständige Totenfeier und ein Begräbnis zu. Denn in allen Kulturen der Welt wird der Tod als wichtiger Einschnitt im Leben des Menschen mit Übergangsriten, wie die Ethnologie es nennt, begangen. Mit der politischen und gesellschaftlichen Bedeutung, mit

Macht und vielleicht auch mit dem Reichtum wächst der Anspruch auf ein prunkvolles und wahrscheinlich öffentlich begangenes Begräbnis. Die Österreicherin Estella Krejci hat in einer noch nicht abgeschlossenen Untersuchung archäologische Grabfunde ausgewertet und kommt zu dem Schluß, daß man etwa sechs Stufen zunehmenden Reichtums bei Maya-Bestattungen feststellen kann. Ob das in irgendeiner Form die gesellschaftliche Schichtung widerspiegelt, die ich in weniger Stufen dargestellt habe, oder ob nur individuell erworbener Rang und Reichtum des Toten sich darin zeigen, bleibt offen. Speisen und ein Kakaotrunk für die Jenseitsreise werden jedem Toten mitgegeben. Und so steht in Hieroglyphenschrift auf manchem Becher oder Deckelgefäß geschrieben ‚dies ist der frische Kakao-Trunk für Herrn N. N.', womit der Verstorbene gemeint ist. Sein bestes Gewand und sein Schmuck werden dem Toten angelegt, denn er muß zunächst in das Weltmeer eintauchen – das Jenseits befindet sich unter dem Wasserspiegel – und dort zur Residenz der Unterweltgötter vorstoßen, wo er sich mit Anstand vorzustellen hat. Man dachte sich die Reise meist als Bootsfahrt; doch im Hochland haben die Maya sich, ihrer dortigen bergigen Umwelt entsprechend, den Eingang zur Unterwelt als Höhle vorgestellt, und die ganze Reise findet bei ihnen als Fußwanderung statt.

Den regierenden Fürsten und ihren nächsten Angehörigen ist es vorbehalten, im Herzen der Pyramiden und unter der Plattform ihrer Paläste bestattet zu werden. Solche Gräber mußten oft schon vor dem Bau des betreffenden Gebäudes geplant werden (s. Kapitel IV, Abschnitt 4). Sicher gingen die Seelen der verstorbenen Herrscher im Jenseits ins Pantheon ein, und man charakterisiert die Religion der Maya gewiß zutreffend, wenn man sie als einen Ahnenkult, vielleicht ähnlich dem im traditionellen Ostasien, bezeichnet. Um die Seelenreise nicht zu behindern, hat man gelegentlich in der gemauerten Gruft einen „Psychodukt" genannten kleinen Gang vorgesehen, durch den die Seele leicht entweichen kann. Es waren wohl vor allem bedeutende Fürsten, die im Jenseits mächtige Schicksalsdoppelgänger *(way)* hatten, wiewohl das dahinterstehende Konzept, als „Nagualismus“ bekannt, auch im Diesseits und für alle Schichten Geltung und Wirkung hatte. Wie allerdings die verschiedenen von mir nur kurz angerissenen Konzepte der Jenseitswelt, der Seelenwanderung und der Schicksalsdoppelgänger zu einem theologisch stimmigen Totenglauben integriert waren, entzieht sich unserer Kenntnis.

Interne Struktur des Adels

Wenig können wir bisher über den inneren Aufbau des Adels sagen. Die Streusiedlungsweise bringt es mit sich, daß auch Mitglieder des Adels zum Teil weitab von den städtischen Machtzentren wohnten. Es muß also eine Art Landadel in beträchtlichem Umfang gegeben haben. Für die oberste Stufe des Landadels, die Herren nachgeordneter Städte, wissen wir, wiederum aus Inschriften, daß sie zum Teil verwandtschaftlich mit den Herrscherhäusern der Stadtstaaten verflochten waren und gemeinsam mit den Fürsten an wichtigen Riten teilnahmen; allerdings konnten nur wenige führende Staaten ihren Machtbereich über mehrere Zentren von Bedeutung ausdehnen.

Recht spät in der Klassik, kurz vor dem Untergang der Maya-Staaten, treten im Machtzentrum selbst neben dem Herrscher dessen nächste Verwandte und manchmal auch Personen in den Vordergrund, von denen wir nicht wissen, ob sie überhaupt mit ihm verwandt sind. Vermutlich differenzierte sich die Ausübung politischer Funktionen und verteilte sich auf mehrere Angehörige der Herrscherfamilie, so daß Ansätze der später in Yukatan vorherrschenden politischen Verfassung schon hier zu erkennen sind.

IV. Zur Geschichte bedeutender Maya-Dynastien

In diesem Kapitel stelle ich die königlichen Dynastien von vier bedeutenden Maya-Städten, Tikal, Yaxchilán, Copán und Palenque, dar. Tikal und Copán sind ihrer politischen Bedeutung wegen ausgewählt worden; Yaxchilán und Palenque vor allem wegen der Qualität ihrer Architektur und Kunst; und alle vier können nur abgehandelt werden, weil die Archäologie sie intensiv erforscht hat. Hierbei dürfte für den Leser die Vielfalt der Namen verwirrend sein, denn sie folgen so gar nicht unseren Gepflogenheiten. Herrscher, ihre Gemahlinnen und die höfische Entourage tragen meist bildhafte Namen. „Jaguar" ist bei weitem der beliebteste, aber auch negativ konnotierte wie „Totenschädel" begegnen häufig, und es finden sich sogar obszön anmutende Namen wie „Jaguar-Penis". Sie sind fast immer aus der lebenden Natur genommen, wenn auch oft phantastisch kombiniert, wie *Bahläm-Chan*, was wörtlich ‚Jaguar-Schlange' bedeutet, vielleicht aber auch einfach eine der großen Schlangen meint, wie wir ‚Riesenschlange' sagen, ohne damit ein Mischwesen aus Mensch und Schlange zu meinen. Manche Namen spiegeln eine solche phantastische Kreativität also möglicherweise nur vor. Dies gilt erst recht, wenn die Forschung noch keine gesicherte Entzifferung für eine Namenshieroglyphe bieten kann und als Behelf das, was der Forscher in der entsprechenden Hieroglyphe als Bild zu erkennen meint, zum (vorläufigen) Namen macht. So ist es zum Beispiel bei der Göttin und mythischen Herrscherin „Biest" aus Palenque, deren Namenshieroglyphe ein unidentifizierbarer, nicht menschlich aussehender Kopf ist, der daher von Forschern „Biest" genannt wird. Diese Hinweise mögen den Leser dahingehend beruhigen, daß die Namensgebung der Maya auch für die Forscher auf weiten Strecken noch ein Rätsel ist, und daß man auf keinen Fall mit europäischen Vorstellungen an sie herantreten sollte. Nur selten ist ein Name so transparent und normal, wie der in Kapitel II (Abschnitt 4) analysierte Name des palenkanischen Herrschers *Pakal* (s. auch Abb. 2, S. 34).

1. Tikal

Tikal liegt mitten im Herzen des zentralen Maya-Tieflandes. Kein mit dem Kanu schiffbarer Fluß führt dorthin, und die Wege, die es einst gab, sind schnell vom nachwachsenden Wald überwuchert worden, als das Tiefland durch die spanische Landnahme und ihre Folgen im 16. und 17. Jahrhundert fast ganz entvölkert worden war. Selten nur kam daher einmal ein Jäger oder ein Kaugummisammler hier vorbei. Solche Zufallsbesuche haben aber zweifellos einen tiefen Eindruck auf den Besucher gemacht, denn hier standen, wild überwuchert zwar, aber hochaufragend, sechs Pyramiden dicht beieinander. Und auch in den Palästen auf den weniger steilen Plattformen waren noch so viele Räume in gutem Zustand, daß der erschöpfte Waldläufer es sich für die Nacht darin bequem machen konnte.

Wie bei praktisch allen Maya-Ruinen kann man daher von Entdeckung im reinen Sinne nicht sprechen, als der erste europäische Reisende hierher kam und anschließend davon berichtet hat. Gustav Bernoulli, ein Basler Arzt, hat Tikal 1877 für uns „entdeckt“. Er entnahm den Tempeln einige schöne Türstürze aus Holz und ließ sie nach Basel überführen, wo man sie im Museum für Völkerkunde studieren kann. Er selbst erlebte das nicht mehr, denn auf der Rückreise ist er in San Francisco gestorben.

Anfänge und erste Herrscher

Besiedlung in der späteren Stadt Tikal konnte für die Zeit von etwa 600 v. Chr. an nachgewiesen werden (s. Tabelle 1, S. 21). Im Bereich der Nord-Akropolis hatten sich damals die ersten Bauern niedergelassen. In den folgenden Jahrhunderten wuchs Tikal aber nicht über ein bescheidenes Dorf hinaus, und erst rund 800 Jahre später wird *Yäx-Moch-Xok* als offizieller Begründer der Dynastie genannt. Doch in Wirklichkeit gab es schon einige Jahrhunderte früher ähnlich hervorgehobene Persönlichkeiten, wie Prunkgräber aus dieser Zeit beweisen. Warum sie nicht in die offizielle Zählung der Herrscher einbezogen wurden, wissen wir nicht.

Nach *Yäx-Moch-Xok* folgen noch mehrere Herrscher: *Voluten-Ahaw-Jaguar*, dessen Inthronisation am 2. Juli 292 auf Stele 29 gemeldet wird (s. Abb. 2a, S. 34), *Mond-Null-Vogel*, und einige, von denen wir nicht einmal die Namen kennen, bis schließlich der neunte der Dynastie, *Rote-Jaguar-Tatze*, und sein dynastisch nebenrangiger Bruder *Rauch-Frosch* um 350 deutlicher ins Licht der Geschichte treten. *Rauch-Frosch* und *Rote-Jaguar-Tatze* haben sich gemeinsam kriegerisch mit dem nördlich benachbarten Königreich von Uaxactún auseinandergesetzt. Den Sieg trug Tikal davon. Mit den wiederholten Kriegszügen, von denen die Inschriften künden, steht wohl ein fast zehn Kilometer langer Wall und Graben, der Tikal im Norden gegen Uaxactún abschirmen sollte, im Zusammenhang. Dieses Schutzwerk wurde von einigen schmalen Dammstraßen durchbrochen; an diesen Durchbrüchen und am Graben selbst zeichnen sich durch gelegentliche Verbreiterungen oder durch Auflassung Phasen friedlicher Nachbarschaft gegen solche kriegerischer Zeiten ab. Allerdings sind die Bauphasen und Vernachlässigungen des Verteidigungssystems nicht so genau datiert, daß sie mit inschriftlichen Berichten über Kriegs- und Friedenszeiten in Verbindung gebracht werden können. Daß dieses Bollwerk von der frühklassischen Auseinandersetzung zwischen Uaxactún und Tikal zeugt, bleibt also Hypothese.

Der Hiatus

Ein merkwürdiges Phänomen in der Geschichte Tikals beschäftigt die Forschung seit langem, ohne daß eine definitive Erklärung dafür gefunden wurde. Es ist der „Hiatus", den ich bereits im vorangehenden Kapitel angesprochen habe. Wenn man den epigraphischen Befund in Tikal als Zeichen eines allgemeinen Niedergangs deutet, muß man nach ebenso grundlegenden Faktoren für den Niedergang suchen. Vorgeschlagen wurde die Verlagerung von Handelsrouten Tiefland-Hochland und Ost-West ins Hochland, so daß Tikal die Kontrolle über sie verlor und infolgedessen keinen Gewinn mehr aus dem Fernhandel zog, der bis dahin, so will es die Hypothese, durch Tikal ging und von Tikal als Marktzentrum dominiert wurde.

Wie wir aus der Gegenwart wissen, können solche großräumigen wirtschaftlichen Änderungen einen dramatischen Niedergang örtlicher kultureller und wirtschaftlicher Blüte verursachen. Das Problem bei Tikal und in der Vorgeschichts-forschung überhaupt ist, daß die quantitativen Daten, die eine solche Annahme überprüfbar machen könnten, fehlen: Gräber mit ärmlichen Grabbeigaben, Skelettfunde, die auf Unterernährung schließen lassen, Abnahme von Importen in den Abfallhaufen (z. B. Obsidian) u. a. Ferner fehlen Wirtschaftsberichte in den hieroglyphischen Inschriften. Wenn wir die Wirtschaftshypothese mit der in Kapitel III referierten machtpolitischen Hypothese des Niedergangs der Großmacht Teotihuacan in Zentral-Mexiko verknüpfen, gewinnt sie etwas an Überprüfbarkeit, denn das völlige Verschwinden teotihuakanischen Einflusses ist archäologisch gut dokumentiert. Doch entsteht dabei ein Datierungsproblem: Der Niedergang Teotihuacans als führender Handelsmacht liegt etwas später als der Beginn des Hiatus in Tikal.

Durch die Fortschritte der Hieroglyphenentzifferung in den letzten 20 Jahren sind wir neuerdings aber in der Lage, eine ganz andere, politische Hypothese aufzustellen: Kriege, die Tikal verloren hat, sind demnach ausschlaggebend für seinen zeitweiligen Niedergang. Der Engländer Simon Martin und der Bonner Epigraphiker Nikolai Grube meinen, in dem Kleinstaat Caracol im heutigen Belize den entscheidenden Konkurrenten festmachen zu können, der Tikal eine dunkle Zeit von rund 100 Jahren bereitete.

Zum Problem des Hiatus kann man sich aber auch, die eben besprochenen Hypothesen als Teilfaktoren berücksichtigend, interpretativ ganz anders verhalten. Es kann nämlich sein, daß nur Steinbildwerke und historisch-genealogische Texte eine chronologische Lücke aufweisen, daß also gar nicht ganz Tikal in Armut versank. Und selbst beim vermeintlichen Schweigen der Inschriften kann es sich um spätere selektive Zerstörung handeln. In der Tat haben wir aus Tikal zahlreiche archäologische Hinweise auf Zerstörung und Beseitigung früherer Inschriften und Skulpturen. Wenn man das als ausschlaggebenden Befund wertet, kann es sich beim Hiatus um ein eher personalpolitisches und dadurch vielleicht eng begrenztes Problem handeln. Eine neue Dynastie, die nicht fest im Sattel sitzt oder nicht legitim ist, kann zum Beispiel versuchen, sich örtlicher Opposition durch Beseitigung öffentlicher Denkmäler ihrer Vorgänger zu erwehren. Damit im Zusammenhang kann auch der Sieg einer fremden Macht, also zum Beispiel Caracols im Jahre 562, zur Folge gehabt haben, daß man so verfuhr und vielleicht eine Zeitlang in Tikal keine eigenen Denkmäler errichten durfte, um die Suprematie des Siegers deutlich zu dokumentieren. Der Hiatus wird die Forschung als Problem der Interpretation der Maya-Geschichte also noch lange beschäftigen.

Herrscher der Spätklassik

Als Tikal nach dem Hiatus wieder ans Licht der Geschichte tritt, steht die Stadt, die ohnehin nie zerstört war, in neuer Pracht und durch weitere Bauwerke vergrößert da. Ihre Monumentalität verdankt sie aber nicht dem Wirken eines einzelnen Herrschers oder Architekten, sondern der Bautätigkeit von Generationen.

In Tikal verfügen wir, wie in Yaxchilán und Copán, auf die ich in späteren Abschnitten zu sprechen komme, über eine durchlaufende Zählung von Herrschern am Ort. Sie wird „Hel-Zählung" genannt und ist in ihrer Funktion seit etwa 15 Jahren geklärt. Sofern der Rangplatz eines Herrschers nach dieser Hel-Zählung bekannt ist, kann man ihn auch ohne genaue Kalenderdaten in die dynastische Abfolge einordnen; andererseits zeigen uns Sprünge der Zählung, daß der historische Bericht lückenhaft ist. Das führte in Tikal 1978 zur Entdekkung eines bis dahin unbekannten Herrschers. Zunächst kannte man aus den spätklassischen Inschriften die *Herrscher A* (später von der Forschung *Ah-Käkäw* genannt), *B* und *C.*

Die Hel-Zählung macht jedoch zwischen *Herrscher B*, er wird als 27. gezählt, und *Herrscher C*, der als 29. gezählt wird, einen Sprung. Also muß zwischen diesen beiden ein undokumentierter weiterer Herrscher regiert haben. Der Tikal-Archäologe Christopher Jones und ich als Spezialist für die Hel-Zählungen haben ihn Z genannt und dann in den Inschriften nach ihm gesucht. Dabei stießen wir auf einen Verwandtschaftsbericht, in dem zwar der Name des vermuteten *Herrschers Z* zerstört ist, jedoch seine Beziehung zu *Herrscher B* als dessen Sohn genannt wird. Damit war dieser Teil der dynastischen Abfolge von Tikal vollständig bekannt, obwohl von einem der Herrscher nicht einmal der Name überliefert ist. Wenden wir uns also nun den historischen Berichten über diese vier Herrscher zu, indem wir einen authentischen Einblick in Teilbereiche ihres Lebens und ihrer Selbstdarstellung anhand zweier Türstürze nehmen, die Bernoulli nach Basel hat bringen lassen.

Herrscher Käkäw

Einer der Basler Türstürze (Abb. 4) stammt aus Tempel I und wird als Türsturz 3 bezeichnet. Auf ihm sehen wir in der Mitte den Herrscher auf einem Thron sitzen. In der linken Hand hält er einen Rundschild, in der rechten das Männchenzepter, eine kleine groteske Göttergestalt, bei der ein Bein als Schlange ausgeformt ist, die der Herrscher umfaßt. Über dem prächtigen, mit der Maske des Sonnengottes verzierten federgekrönten Kopfputz ragt ein überlebensgroßer Jaguar mit geöffnetem Rachen und vorgestreckter rechter krallenbewehrter Vorderpranke hervor. Diese Komposition wird in Analogie zu ethnographisch dokumentierten Verhältnissen als der König und sein Schicksalsdoppelgänger (*way*) gedeutet. Daß der Jaguar, das stärkste und gefährlichste Tier in der Umwelt der Maya, als Schicksalsdoppelgänger eines Herrschers dient, ist ohne weiteres einsichtig; ganz ähnlich dient in Westafrika der Leopard zur Symbolisierung herrscherlicher Macht. Vor dem Herrscher, etwas tiefer, gewissermaßen also unten vor der Pyramide, auf der der Herrscher thront, und in dessen krönendem Tempel der

Abbildung 4: Tikal, Tempel I, Türsturz 3. (Zeichnung: William R. Coe, Vorlage: Tikal Reports)

Türsturz selbst eingelassen ist, steht eine kleine, ebenfalls reich gekleidete Person. Ihre Deutung ist noch offen: Es kann sich um einen sozial untergeordneten und daher kleiner dargestellten Menschen, aber auch um eine tatsächlich kleinwüchsige Person, also einen Hofzwerg, handeln, oder um jemanden, über dessen Status nichts ausgesagt werden soll, der aber thematisch hier eine untergeordnete Rolle spielt und deshalb kleiner dargestellt ist.

Der hieroglyphische Text rechts oberhalb der Szene gibt in freier Umschreibung folgende Nachricht zum Bild und insbesondere zum Herrscher: Am 26. Februar 695 (A1-B1) war ein kalendarischer Zyklus des Maya-Kalenders zu Ende (A2). 158 Tage später (B2), am 3. August desselben Jahres (A3-B3), wurde (von diesem Herrscher) Krieg (B4) gegen König *Jaguar-Tatze* (A5) aus Chan (B5) geführt. Welchem bekannten Ruinenort Chan entsprechen könnte, wird seit dreißig Jahren diskutiert und ist immer noch strittig: El Perú und Calakmul sind plausible Kandidaten. Die Herkunft des Königs *Jaguar-Tatze* aus diesem Ort wird durch die sogenannte Emblemhieroglyphe (B5) angezeigt. Emblemhieroglyphen sind durch zwei konstante Beizeichen gekennzeichnet, die die königliche Abstammung der Hauptperson des Textes erwähnen (*ch'ul ahaw*, d. h. göttlicher Herr). Sie gruppieren sich um ein variables Hauptzeichen, das angibt, von welcher Stadt die Rede ist. Es ist daher möglich, mittels der Emblemhieroglyphe Skulpturen, deren Herkunft nicht bekannt ist, einem Maya-Ort zuzuweisen und die Herkunft von Personen, die außerhalb ihres Ortes erwähnt werden, wie es hier der Fall ist, zu bestimmen.

Wieder etwas später, am 12. September 695 (C1-D1), führte dieser Herrscher einen Gedenkritus durch, in dessen Verlauf er sich nachts (C4) Blut abzapfte (C3-D3). Der Herrscher selbst wird nun zum ersten Mal namentlich mit seinen Titeln als *Ah-Kákäw Chan-Toh* aus Tikal (D4-D5) genannt. Der Text erwähnt anschließend noch seine Mutter (E1-F2) und berichtet, daß sein Vater (F4), dem unter anderen der Titel *ch'ahom* (d. i. ‚jemand der etwas hinuntertropfen läßt') (E5) zukam, Herr *Schild-Totenschädel* (F6) war, der seinerseits König in Tikal

(E7) gewesen war. Der Bericht schließt mit einem Rückblick auf die 4882 Tage (F7-E8) zurückliegende Inthronisation (F9) von König *Ah-Käkäw* (F10) am 1. Mai 682 (F8-E9). Als Amt, in das er eingesetzt wurde, wird „*makuch* der Sippe" (E10) genannt. Die Inthronisation des Herrschers bestand also in der Einsetzung in ein Amt innerhalb seines Verwandtschaftsverbandes. Danach folgen noch zwei weitere Titel (E12-F12).

Wir entnehmen diesem Hieroglyphentext, daß der Herrscher mit seiner Abstammung im Vordergrund steht, und zwar auch insofern, als er religiöse Pflichten hat, wie die Selbstkasteiung. Schließlich sehen wir, daß die Hieroglyphentexte uns einen genauen zeitlichen Rahmen für die wichtigsten Ereignisse der Herrschaft und der Staatsgeschäfte liefern. Dieser zeitliche Rahmen ist für uns in zweierlei Weise aufschlußreich. Zum einen gibt er einen Einblick in den komplexen und genauen Kalender der Maya, einschließlich seines mythologischen Hintergrundes mit dem Anfang der Ära und der Verherrlichung von runden Zeitperioden. Auf der anderen Seite können wir jede zeitliche Angabe genau in unseren Kalender übersetzen. Wir pflegen dabei für klassische Maya-Daten den damals in Europa gebräuchlichen Julianischen Kalender zu benutzen. Weiter zeigt die Analyse dieses Textes, daß es der Forschung mittlerweile gelungen ist, Namen und kurze Satzteile zu lesen, und daß damit meist auch ihre Bedeutung klar ist, daß es aber auch Wörter und Ausdrücke gibt, die wir nicht verstehen, weil unser Wissen über die Kultur noch sehr unvollständig ist, vor allem, was die politischen und religiösen Institutionen angeht. Und schließlich sahen wir, daß auch die Bilder uns einiges über die geistigen, religiösen und sozialen Verhältnisse mitzuteilen haben und in dieser Einkleidung auch die tatsächliche Lebenswelt des Herrschers darstellen: Pyramide, Thron, Hofzwerg u.a.

Die Grabungsarchäologie hat zum Herrscher *Ah-Käkäw* noch Interessantes mitzuteilen. Die Pyramide, auf der Tempel I steht, ist nämlich sein Grabdenkmal. 1962 fand Aubrey Trik beim Durchtunneln der Pyramide Grab 116, eines der reichsten Gräber in Tikal. Vor allem die dort gefundenen etwa 90 mit Bildern und Hieroglyphen geritzten Knochen beweisen über jeden Zweifel, daß der im Grab bestattete und mit reichem Jadeschmuck ausgerüstete Mann Herr *Käkäw* war. Sein Todesdatum ist allerdings in den Knochen-Texten und auch sonst in Tikal nicht überliefert.

Tempel I selbst ist der architektonische Schwerpunkt am Hauptplatz in Tikal. Er steht an seiner Ostseite und überragt die flankierende Süd- und Nordakropolis und den gegenüberliegenden Tempel II beträchtlich. Das zeigt in Übereinstimmung mit allem, was wir von der spätklassischen dynastischen Geschichte Tikals wissen, daß König *Käkäw* eine herausragende Gestalt war.

Herr *Käkäw* war auch an anderen Orten Tikals tätig. So ließ er den ersten Zwillingspyramidenkomplex errichten und am 13. März 692 einweihen. Dieses Ensemble ist eine für Tikal typische Hofanlage mit kleinen flankierenden Gebäuden, Stelen und Altarsetzungen, die wohl ausschließlich zur Feier einer Zeitperiode errichtet wurde. Spätere Herrscher von Tikal sind ihm in diesem Bauritual gefolgt; aus anderen Städten ist es nicht bekannt.

Herrscher B

Türsturz 3 aus Tempel IV (Abb. 5) zeigt wieder einen König. Er sitzt auf einem Thron mit Lehne auf der Plattform einer Stufenpyramide. Der aufrecht gehaltene Speer in der Rechten und der kleine Rundschild in der Linken kennzeichnen ihn, in Übereinstimmung mit dem hieroglyphischen Text, als Krieger. Auch sein Kopfputz enthält eine Anspielung auf dieses Thema. Dort ist das Zeichen für ‚Stern' – damit ist der Wandelstern Venus gemeint – zu sehen. Venus hat im Glauben der Maya engen Bezug zum Krieg, vergleichbar mit abendländischen Konnotationen des Planeten Mars. Die Kriegsthematik wird außerdem durch den Totenschädel als Hauptelement des Kopfputzes unterstrichen. Der König selbst sitzt unter einer sich wölbenden doppelköpfigen Himmelsschlange. Ihr Kopf zur Rechten (vom Betrachter aus gesehen) ist skelettiert und repräsentiert da-

Abbildung 5: Tikal, Tempel IV, Türsturz 3. (Zeichnung: William R. Coe, Vorlage: Tikal Reports)

durch den Tod, während ihr Kopf zur Linken das Leben versinnbildlicht. Auf der Lebensseite kommt aus dem geöffneten Schlangenrachen ein *Gott K* mit Opfermesser-Zunge heraus: Wieder eine mythische Gestalt, die an die vielfältigen Opferpflichten der Maya-Herrscher erinnert. Zuoberst, auf der Wölbung der federbesetzten Himmelsschlange, sitzt mit ausgebreiteten Schwingen der *Muwan*-Vogel, auch er, wie die Schlange, ein Himmelssymbol.

Das Hauptereignis, das in der Inschrift dieses Türsturzes vermeldet wird, ist ein Kriegszug (B4 linker Teil), den ein Untergebener von *Herrscher B* (D2-D3) am 26. Juli 743 (B3-A4) gegen den benachbarten Ort Yaxhá (B4 rechter Teil) durchführte. *Herrscher B* war damals wohl schon zu betagt, als daß er im Feld selbst das Kommando geführt hätte. Auch hier wird, wie auf dem bereits besprochenen Türsturz aus Tempel I, am Schluß des Textes die genealogische und dynastische Stellung des Herrschers angezeigt. Der Text sagt, daß seine Mutter (G6) eine Frau von königlichem Geblüt aus dem Ort Chan (H6) war. Wie wir im Vergleich der bisher besprochenen Inschriften sehen, scheinen hier Krieg und anschließende interdynastische Heirat stattgefunden zu haben, ähnlich, wie wir es aus der mitteleuropäischen Geschichte der Neuzeit kennen. Auch im zentralen Maya-Tiefland wird dahinter der Wille zur Ausdehnung der Macht mit anschließender Friedenssicherung durch Herstellen verwandtschaftlicher Bande gestanden haben. Hier hatte Tikal in der Spätklassik seine führende und expansive Rolle wiedergewonnen. Denn derartige Bestrebungen richteten sich nicht nur nach Chan im Nord-Westen und Yaxhá im Süd-Osten, sondern auch nach Naranjo im Osten und in das südlich gelegene Petexbatún-Gebiet. Der Vater von *Herrscher B* (G8) ist gemäß der Inschrift dieses Türsturzes der uns wohlbekannte König *Ah-Käkäw* (H8 linker Teil), der gleichzeitig sein unmittelbarer Vorgänger auf dem Thron von Tikal war. Wir können also schon mit diesen beiden Inschriften einen drei Generationen umfassenden Ausschnitt der Dynastie rekonstruieren.

Die Blütezeit Tikals hatte dann noch etwas über 100 Jahre Bestand. In dieser Zeit haben die *Herrscher* Z und *C* ihre Monumente errichtet. Eines davon ist der ehemals wirklich bemerkenswerte Tempel VI. Er trug auf der Rückwand seines Dachkammes die größte stukkierte Inschrift, die jemals ausgeführt wurde. Die einzelnen Hieroglyphen sind einen Meter hoch; doch hat diese Propagandainschrift dem wuchernden Urwald und dem heftigen Regen der Jahrhunderte nicht widerstanden und ist heute fast völlig zerstört, so daß *Herrscher Z*, der sich dort verewigt hatte, weitgehend unbekannt bleibt. Vermutlich war er der ältere Bruder des auf ihn folgenden und ebenso schlecht dokumentierten *Herrschers C*.

Um 850 hören die hieroglyphischen und bildlichen Denkmäler in Tikal auf, die Besiedlung nimmt ab und die Prunkbauten verfallen. In kleineren Orten der Nachbarschaft, Jimbal zum Beispiel, hält sich das Maya-Königtum in traditioneller Form noch etwas länger, verstummt dann aber auch dort noch vor dem Jahre 900.

2. Yaxchilán

Yaxchilán liegt in einer Flußschleife am Mittellauf des Río Usumacinta, der dort die Grenze zwischen Guatemala und Mexiko bildet. Die Stadt ist an drei Seiten vom Fluß begrenzt, der seinerseits idealen Zugang zu den Städten La Pasadita, El Cayo und Piedras Negras flußabwärts und zu denen an den Neben- und Quellflüssen flußaufwärts, nämlich Altar de Sacrificios, Itzán und Seibal, bietet. Wissenschaftlich entdeckt wurde Yaxchilán fast am gleichen Tag im März des Jahres 1882 von Charnay und Maudslay. An den Inschriften aus Yaxchilán, die dank der ausführlichen photographischen Dokumentation von Maudslay und Maler (s. Kapitel I) ein ideales Studiencorpus darstellen, gelang Tatiana Proskouriakoff ein entscheidender Durchbruch in unserem Wissen um die Dynastien des Maya-Klassikums. Schon 1963/64 hat sie die Biographien der Herrscher *Schild-Jaguar* und *Vogel-Jaguar* im wesentlichen so herausgearbeitet, wie ich es darstellen werde.

Die ersten zehn Herrscher

Doch zunächst wenden wir uns den Anfängen zu, indem wir die Inschriften des unscheinbaren palastartigen Wohngebäudes Nr. 12 studieren. Es liegt am jenseitigen Ende des ersten großen Platzes, wenn man Yaxchilán von Nordosten her betritt, hart am Steilufer des Usumacinta-Stromes. Wenn wir seine Eingänge im Uhrzeigersinn abschreiten, ergeben die sie überspannenden steinernen Türstürze mit ihren Inschriften einen fortlaufenden Text, der eine fast vollständige Liste der ersten zehn Herrscher des Ortes enthält. Schon dem unermüdlichen Inschriftendokumentar und Chronologie-Spezialisten Morley war aufgefallen, daß diese Türstürze zwölf Hieroglyphen aufweisen, die ohne erkennbaren chronologischen Gehalt dennoch eine fortlaufende Zählung darstellen in der Form einer Hieroglyphe, der ein Zahlzeichen vorangestellt ist. Morley konnte mit dieser Beobachtung nicht viel anfangen, denn die nicht-kalendarischen Hieroglyphen verstand man noch nicht, und es fehlte zudem noch ein wichtiger Türsturz des Gebäudes, der erst in den 1980er Jahren, bei Restaurierungsarbeiten unter dem mexikanischen Archäologen Roberto García Moll, entdeckt wurde. Aus Inschriften anderer Orte, vor allem Copán, Naranjo und Tikal, wurde die Funktion dieser Hel-Hieroglyphe als Zählung aufeinanderfolgender Herrscher erst 1982 erkannt. Durch die Hel-Zählung können die Texte semantisch in einzelne Abschnitte unterteilt werden, deren jeder einen Herrscher zum Hauptthema hat. Da die Textabschnitte gleich aufgebaut sind, kann ich mich auf einen beschränken und wähle dazu den neugefundenen Türsturz, der die Sequenz einleitet (Abb. 6).

Die erste Hel-Hieroglyphe (A1) hat hier keinen Zahlenkoeffizienten, sondern ihr ist das Zeichen für ‚erster‘ (*nah*) vorgeschaltet. Die zweite Hieroglyphe (B1) stellt mit ihrem Hauptzeichen einen hockenden menschlichen Unterleib dar. Es

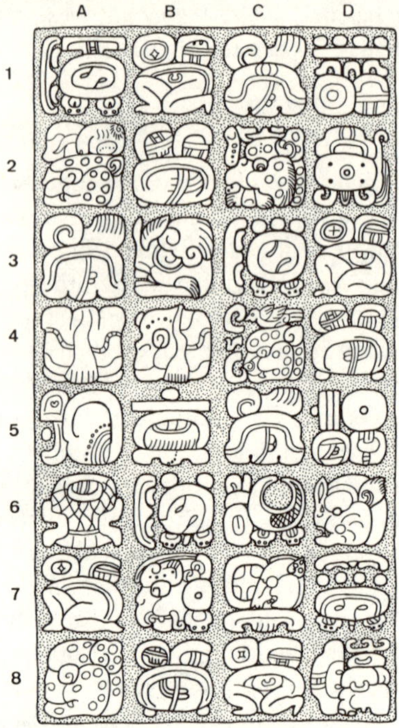

Abbildung 6: Yaxchilán, Struktur 12, Türsturz o. Nr.
(Zeichnung: B. Riese)

handelt sich dabei, was vom Bildgehalt her einleuchtet, um ein Zeichen, das ‚sitzen' bedeutet. Das zweiteilige Beizeichen darüber wird *ahaw* gelesen und bedeutet ‚Herr'. Somit ist der Sinn der Hieroglyphe ‚das Sich-als-Herr(scher)-Hinsetzen'. An dritter Stelle (A2) steht der Eigenname des Herrschers, *Yat-Bahläm* (‚Jaguar-Penis'). Die vierte Hieroglyphe (B2) ist als Attribut des Herrschers zu verstehen. Sie bedeutet ‚Herr der Pyramide'; und das ist in Anbetracht der Tatsache, daß die Residenzen der Maya-Fürsten sich auf erhabenen Plattformen befinden, recht plausibel. Eine sprachlich-semantisch enge Parallele gibt es im Quiché, wo Herrschertitel wie der eines *ahpop kamha* (‚Herr des Totenhauses') belegt sind. Mit der fünften

Hieroglyphe beginnt in der Regel eine Zusatzinformation, die sich bis zum Ende des jeweiligen Abschnittes fortsetzt. Es sind meist Erfolgsberichte von Kriegen, die der jeweilige Herrscher geführt, und Berichte von auswärtigen Besuchen, die er empfangen hat. Hier ist es ein Besuch (A3), der gemeldet wird. Jetzt können wir den Text zum ersten Herrscher folgendermaßen inhaltlich resümieren: „Der erste Herrscher *Yat-Bahläm* ließ sich zum Herrschen nieder. Er wurde von NAME besucht." Später im Text werden zu solchen Ereignissen auch die Daten gemeldet. Doch scheint man beim Niederschreiben des Berichtes über den ersten Herrscher die Daten nicht mehr gewußt zu haben, denn weder seine Inthronisation noch die Besuchs- oder Kriegsereignisse sind datiert, ganz entgegen der Maya-Gepflogenheit chronologischer Genauigkeit.

Der Text auf diesem Türsturz setzt sich dann mit dem Bericht zum zweiten und dritten Herrscher (B6-D7) namens *Sonnengott-Jaguar* und *Vogel-Jaguar* fort und enthält noch den Anfang des auf dem nächsten Türsturz fortgesetzten Berichtes über den vierten (D7-D8), *Geweih-Totenschädel.* Die konstanten Namensbestandteile der 16 bekannten Herrscher Yaxchiláns sind vornehmlich ‚Jaguar' und ‚Totenschädel'. Sie werden mit variierenden Beizeichen immer wieder aufgegriffen, und es läßt sich an dieses Namensgebungsmuster die Spekulation anschließen, daß der Hochadel Yaxchiláns in zwei miteinander konkurrierende Parteien, die der „Jaguare" und die der „Schädel", gespalten war, die sich gelegentlich in der Herrschaft ablösten. Wenn diese Überlegung auch sehr spekulativ klingt, ist sie doch nicht ganz aus der Luft gegriffen, denn wir kennen viele indianische Gesellschaften, die in dualen Systemen organisiert sind, nach denen Namen und Ämter vergeben werden.

Frauen im Leben des Herrschers Schild-Jaguar

Yaxchilán hat als Stadt seine große Blüte erst viele Generationen später, mit dem einleitend genannten Herrscher *Schild-Jaguar* und seinem Sohn *Vogel-Jaguar*, erlebt. Während ihrer langen Herrschaft haben Frauen eine bedeutende Rolle im öffentlichen politischen Leben gespielt, und ich will ihr Wirken daher in den Vordergrund rücken.

Mit *Schild-Jaguar* beginnt die künstlerische Glanzzeit Yaxchiláns. Aus seiner Jugend ist jedoch kaum etwas bekannt. So kann nicht einmal sein Geburtsdatum genau ermittelt werden. Zwischen 645 und 649 wurde er als Sohn des dreizehnten Herrschers der Dynastie geboren. Das Fehlen biographischer Daten aus seiner Kindheit ist aber nicht ungewöhnlich, treten die meisten Maya-Herrscher doch erst mit ihrer Thronbesteigung ans Licht der geschriebenen Geschichte. Im übrigen war es ihm ein besonderes Anliegen, seine frühen Kriegserfolge darzustellen. Struktur 44 mit den skulptierten Stufen und den Türstürzen über den drei Eingängen legt hiervon Zeugnis ab. Seine Einsetzung als König von Yaxchilán fand am 18. Oktober 682 statt.

Schild-Jaguar war mit einer Dame namens *Xok* verheiratet. Ihr Name bedeutet ‚Haifisch' und mutet bei einer Binnenlandbewohnerin merkwürdig an. Vielleicht hat die Forschung ihn ja falsch entziffert. Nehmen wir ihn aber zunächst einfach so hin, wie wir das grundsätzlich bei allen Namen tun sollten; denn oft sind die vorgeschlagenen Entzifferungen noch ungesichert, und manchmal sind die Namen nur Spitznamen, die die Forschung den Personen beigelegt hat, weil eine Entzifferung der Namenshieroglyphe noch nicht gelungen ist. Spät in seinem Leben gewährt *Schild-Jaguar* seiner Gemahlin *Xok* einen herausragenden Bauplatz am Fuße der Akropolis von Yaxchilán mit beherrschendem Blick über die langgestreckten Plätze und Flachbauten auf der untersten Flußterrasse. Diesem Bauwerk, es trägt in der archäologischen Nomenklatur die Bezeichnung Struktur 23, wenden wir uns jetzt zu, denn hier verewigte ein hervorragender Künstler in den Türstürzen der drei Eingänge die rituellen Pflichten der Herrscherin.

Auf Türsturz 24 (Abb. 7) steht der König mit einer großen Fackel – die Riten finden offensichtlich nachts oder im Dunkeln eines Tempelgemachs statt –, um seiner Gemahlin zu leuchten. Sie, reich gekleidet, kniet auf dem Boden, vor sich

Abbildung 7: Yaxchilán, Struktur 23, Türsturz 24.
(Zeichnung: Ian Graham; Vorlage: CMHI 3/1)

einen Korb mit Papierstreifen. Durch ihre Zunge zieht sie sich eine dornenbewehrte lange Schnur, deren unteres Ende bereits in den Korb fällt und mit dem Zungenblut der Herrscherin das Opferpapier befleckt. Einiges an Dornen steht der Frau noch bevor, obwohl ihr Gesicht schon jetzt blutverschmiert ist.

Auf dem nächsten Türsturz (25) (Abb. 8) ist das blutige Opfer vollzogen. Zum Dank sendet die göttliche Himmelsschlange aus ihrem Rachen den Ahnen der yaxchilaner Dynastie, also den elf Generationen entfernten Vorvater ihres Ehemannes, *Yat-Bahläm*, in voller Kriegsrüstung. Durch dieses Blutopfer wird der Segen auf die Dynastie herabbeschworen, und ihre Legitimität wird von dem erscheinenden vergöttlichten Ahnen bestätigt. Auf dem Bild dieses Türsturzes tritt *Schild-Jaguar* selbst gar nicht mehr auf, wie er ja schon beim Blutopfer eine nur dienende Stellung innehatte.

Auf dem letzten Türsturzbild (26) (Abb. 9) der Folge wendet sich Frau *Xok* ihren weltlichen politischen Pflichten zu: Sie überreicht ihrem Gemahl, der bereits seinen Kriegspanzer und seine Baumwollschärpe angelegt hat, den Jaguarhelm zur Rüstung. Kriegführen gehört nicht nur bei den souveränen Maya-Staaten des Klassikums, sondern weltweit zu den vornehmsten Pflichten von Herrschern; und ich erinnere an die bewegenden Verse in Homers *Ilias*, wo Hektor vor dem Kampf mit Achill von seiner Frau die Rüstung gebracht wird.

Ich habe diese Bilderfolge, die zur Zeit der Entdeckung Yaxchiláns noch völlig unversehrt in Tempel 23 zu bewundern war, heute aber von Archäologen zerstört ist, als Ereignisabfolge gedeutet. Das ist sie nach Absicht des Künstlers und der Auftraggeber gewiß; doch sind die dargestellten Riten und Handlungen ja immer wieder zu verschiedenen Anlässen durchgeführt worden, und so hat der Künstler aus der Geschichte des Herrscherhauses verschiedene hervorragende Ereignisse herausgenommen und diese schriftlich den Bildern hinzugefügt. Diese hieroglyphisch berichteten Ereignisse bilden keine chronologische Einheit und Sequenz, sondern werfen aus einer langen Zeitspanne Schlaglichter auf die Herrschaft des abgebildeten Paares. Frau *Xok* hat ihren Gemahl um sieben

Abbildung 8: Yaxchilán, Struktur 23, Türsturz 25.
(Zeichnung: Ian Graham; Vorlage: CMHI 3/1)

Abbildung 9: Yaxchilán, Struktur 23, Türsturz 26.
(Zeichnung: Ian Graham; Vorlage: CMHI 3/1)

Jahre überlebt; am 3. April 749 ist sie gestorben, während *Schild-Jaguar* bereits am 13. Juni 742 gestorben war.

Schild-Jaguar war noch mit einer weiteren Frau verheiratet; Polygamie war den Maya nicht fremd. Ihre Namenshieroglyphen sind komplexer als die der bisher erwähnten Personen. Wahrscheinlich geben sie in mehrfacher Umschreibung und Ausschmückung das Konzept ‚Tod' wieder. Mit Frau *Tod*, die um den 5. Mai 682 geboren ist, zeugte *Schild-Jaguar* einen weiteren männlichen Erben, denn der erstgeborene war jung im Krieg gegen Dos Pilas geblieben. Frau *Tod* selbst ist am 13. März 751 gestorben. Sie wurde also etwa 70 Jahre alt, hat ihren Ehemann um etwa zehn und ihre Nebenbuhlerin um knapp drei Jahre überlebt. So hat sie noch selbst den Aufstieg ihres Sohnes zur Königswürde erlebt.

Vogel-Jaguar

Schild-Jaguar lebte nach der Geburt seines Sohnes *Vogel-Jaguar* allerdings noch fast 30 Jahre, so daß jener die Herrschaft in Yaxchilán erst antrat, als er selbst schon erwachsen war und bereits einen Sohn gezeugt hatte. Seine Inthronisation fand erst am 27. April 752 statt. *Vogel-Jaguar* war als Bauherr besonders aktiv. Vor allem Bauwerk 33, vielleicht seine Residenz, sticht durch Größe und Erhabenheit und auch wegen seines reichen Skulpturenschmucks hervor: Mit Ballspielszenen und Hieroglyphentexten skulptierte Stufen, die den Treppenaufgang zieren, mit Stelen und Altären auf den Treppenabsätzen und vor dem Aufgang auf dem Hof, mit Fassadenschmuck und einer lebensgroßen vollplastischen menschlichen Sitzfigur, die wahrscheinlich ihn selbst darstellt, sowie den obligatorischen drei Türsturzreliefs ist das Bauwerk ausnehmend reich geschmückt.

Vogel-Jaguar war auch außenpolitisch der erfolgreichste unter Yaxchiláns Königen. So gründete er vielleicht die Vasallenstadt La Pasadita, etwa zehn Kilometer flußabwärts am anderen Ufer des Usumacinta-Stroms gelegen, oder er brachte sie zumindest unter seine direkte Herrschaft und konsolidierte damit den nördlichen Teil des Fürstentums, den sein Vater mit der Einverleibung des heute im Urwald unerforscht liegenden Ortes Laxtunich erschlossen hatte. In Yaxchilán selbst bleibt *Vogel-Jaguar* historisch allerdings merkwürdig blaß. Hier ist er geradezu ein Epigone seines Vaters; oder sollte man lieber sagen, daß sein Vater das Hofritual festgelegt hatte, in dem *Vogel-Jaguar*, sein unmittelbarer Nachfolger, gefangen war? Wir kennen solche starren Rituale ja zur Genüge aus der Spätzeit des mitteleuropäischen Absolutismus. Mit seiner Frau *Roter-Schädel* zeugte er einen Sohn und Nachfolger den späteren Herrscher *Chelte'*. Der Thronfolger wurde am 18. Februar 752 geboren, und seine Eltern legten ihm als weiteren Namen den seines Großvaters, *Schild-Jaguar*, bei. Diese Namensgebung mag noch zu den natürlichen Ritualen und Pflichten des staatstragend folgsamen Kronprinzen gehören. Das eigentlich Epigonale drückt sich in der Form aus, wie *Vogel-Jaguar* dieses Ereignis und seine Kriegstaten als Kronprinz darstellt. Er übernimmt das Modell der drei skulptierten Türstürze seines Vaters und läßt dieselben Themen, allerdings von einem weniger begnadeten Bildhauer, im Tempel seiner Frau *Roter-Schädel* darstellen. Auch dieser Tempel ist dem, den sein Vater für seine eigene Ehefrau hatte errichten lassen, ähnlich, einschließlich der Lage mit Blick auf den Fluß.

Das Ende der Dynastie

Nach *Vogel-Jaguar* herrschte noch sein bereits erwähnter Sohn, *Chelte'*, und dann noch dessen Sohn über die Stadt am Usumacinta. Eine lückenlose Herrscherfolge über 500 Jahre zeichnet den Ort also aus. Dementsprechend hat sich die Bau- und Kunsttätigkeit auch kontinuierlich entwickelt und trägt zum Bild einer überaus reichen und dicht bebauten Stadt bei. Der Glücksumstand, daß die frühen Forscher, wenn sie schon plündernd in den Ort eingegriffen haben, die geraubten Schätze wenigstens bewahrt und veröffentlicht haben, und die Entscheidung der mexikanischen Regierung, seit 1927 Yaxchilán bewachen zu lassen, hat bewirkt, daß diese alte Stadt der Forschung ziemlich unversehrt zur Verfügung steht. In jüngster Zeit bedroht allerdings ein geplanter Staudamm Yaxchilán.

3. Copán

Die Lage von Copán ist in mancher Hinsicht ungewöhnlich. Weit nach Südosten vorgelagert, liegt die Stadt an einer markanten Kulturgrenze in der Kontaktzone zum zentralamerikanischen Kulturareal in einem Tal, das das ganze Jahr über durch einen stattlichen Fluß und mehrere Bäche, die aus den Bergen kommen, bewässert wird. Copán ist mit wenigen anderen klassischen Maya-Städten der Tieflandtradition, wie Toniná und Chinkultic, auch insofern ungewöhnlich situiert, als es bei einem Talniveau von 600 Metern über dem Meeresspiegel die Vorzüge eines gemäßigt heißen Tropenklimas genießt, das von den schwülen und überaus regenschweren Luftströmungen verschont wird. Die umgebenden Berge ragen bis zu 2000 Meter auf und schützen das Tal so auch vor verwüstenden Wirbelstürmen.

Schon während der Wirren des Bürgerkrieges im Gefolge der Unabhängigkeit von Spanien zu Anfang des 19. Jahrhunderts hatte ein Offizier des zentralamerikanischen Heeres, Juan Galindo, ein gebürtiger Ire, Bildwerke und Tempel in Copán skizziert, darunter den später so genannten quaderförmigen Altar Q, der 150 Jahre später das Schlüsseldokument der Forschung werden sollte (Abb. 10). Sechzehn reich gekleidete Personen sind auf der Peripherie dieses Steines, der am Fuße der Westtreppe vor Copáns höchster Pyramide steht, abgebildet. Sie sitzen der Reihe nach im Schneidersitz auf Hieroglyphen und treffen sich auf der Vorderseite, so daß der erste dem letzten gegenübersitzt. Zwischen ihnen sind die Inthronisation dieses letzten, also des 16. Herrschers, und das Datum, an dem sie stattfand, geschrieben. Da lag es nahe, diese Darstellung als Abfolge von 16 Herrschern der Stadt Copán zu interpretieren. Erstaunlich, daß viele Jahrzehnte hindurch niemand auf diesen Gedanken gekommen war. Statt dessen wollte man einen Astronomenkongreß oder eine politische Versammlung darin

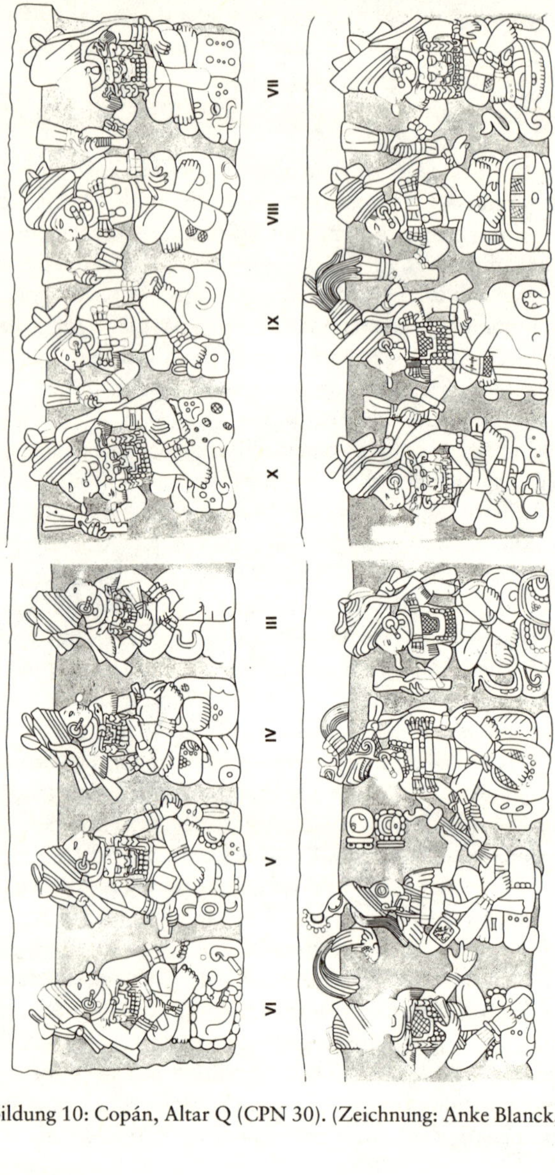

Abbildung 10: Copán, Altar Q (CPN 30). (Zeichnung: Anke Blanck, PAC)

erkennen. Erst der französische Freizeit-Forscher Michel Davoust aus Angers ist 1976 dem Gedanken einer dynastischen Galerie konsequent nachgegangen. Ich selbst habe seine Idee bei meiner fünfjährigen epigraphischen Arbeit in Copán aufgegriffen und weiter ausgeführt. Es gibt nämlich in derselben Stadt noch ein zweites Denkmal, das Aufschluß über die dynastische Geschichte des Ortes gibt: die Hieroglyphentreppe. Zwar sind ihre über 60 beschrifteten Steinstufen bei einem Erdbeben im 16. oder 17. Jahrhundert durcheinandergeraten, doch blieben wenigstens Teile in der ursprünglichen Anordnung erhalten. Auch auf dieser Treppe sind viele der 16 Personen mit ihren Lebensdaten verzeichnet und außerdem durch besonders ausführliche Texte hervorgehoben. Kein Zweifel also, die steinernen Schriftzeugnisse in dieser Stadt geben Zeugnis von einer 16 Herrscher umspannenden Dynastie.

Frühzeit

Der Anfang der Copaner Dynastie liegt noch weitgehend im dunkeln, denn früheste Zeugnisse sind durch spätere Bautätigkeiten zerstört oder überbaut und bisher nur in kleinen Resten zutage gefördert worden. *Yäx-K'uk'-Mo'*, zu deutsch vielleicht als ‚starker Quetzal-Ara' zu übersetzen, war der offizielle Dynastiegründer. Er ist es, der auf dem Altar dem 16. Herrscher gegenübersitzt und ihm das Zepter überreicht. Wenn wir von ihm auch keine genauen Lebensdaten haben, kann man doch schätzen, daß er etwa um 360 die Copaner Dynastie gegründet hat. Freilich war Copán damals noch ein armseliges Dorf, ohne Steinbauwerke und sicher ohne großen Prunk.

Vom nächsten Herrscher, *Geschmückter-Ahaw*, dessen Grab möglicherweise am Ende des letzten Jahrhunderts gefunden und von Archäologen ausgenommen worden ist, ist nichts bekannt. Ähnlich dürftig sind die Nachrichten über die folgenden Herrscher bis zum 8. der dynastischen Zählung, die übrigens auch hier Gebrauch von der in Tikal und Yaxchilán verwandten Hel-Zählung macht.

Gespaltener-Mond Blatt-Jaguar ist vermutlich ein Sohn des

vorangegangenen Herrschers, denn als solchen bezeichnet er sich auf einer Stele. Er hat die Dynastie offensichtlich erfolgreich weitergeführt, denn später wird er in der Ahnenreihe genannt. Für den 22. Mai 553 ist seine Thronbesteigung verzeichnet. Seine Herrschaft war nicht besonders lang, und an Ereignissen ist aus ihr nichts überliefert. Mit etwa 40 Jahren ist er gestorben.

Der nächste Herrscher, *Rauchender-Himmel*, ist bereits mitteilsamer, denn er läßt uns sein Geburtsdatum wissen, das er mit dem 23. April 575 angibt. Doch das ist historisch unwahrscheinlich, wie man beim Vergleich mit seinem gut verbürgten Inthronisationsdatum sieht. Es liegt hier also wohl ein Schreibfehler vor. Das Geburtsdatum müssen wir also auch bei ihm aus indirekten Hinweisen erschließen. Ich komme dabei auf eine Zeitspanne um das Jahr 550, die gut im Einklang steht mit der für den 15. November 578 gemeldeten Thronbesteigung. An sie wird später, wie es sich gehört, auf der Hieroglyphentreppe mit einer überlebensgroßen Statue und einem Gedenktext erinnert. Sollte sein Todesdatum dort auch verzeichnet gewesen sein, so ist es nicht mit Sicherheit zu identifizieren. Auf alle Fälle scheint *Rauchender-Himmel* ungewöhnlich lange, fast 50 Jahre, über Copán regiert zu haben.

Blütezeit

Der nächste Herrscher, *Rauch-Jaguar Imix-Ungeheuer*, läßt uns mit einem genauen Geburtsdatum wieder im Stich. Um das Jahr 613 wird er das Licht der Welt erblickt haben. Zur Herrschaft gelangt ist er schon mit etwa 15 Jahren am 3. Februar 628. Er hat dieses wichtige Datum selbst mehrmals in Stein hauen lassen, und auch seine Nachfolger haben seiner gelegentlich gedacht. Mit der Thronbesteigung nimmt er den üblichen Titel *ahaw*, ‚Herr', an und bemüht sich als erster, häufig und deutlich seine Legitimation vom Gründer der Dynastie, *Yäx-K'uk'-Mo'*, herzuleiten. Das geschieht, indem er sagt, „ich bin der 12. Herrscher seit *Yäx-K'uk'-Mo'*". Diese Ausdrucksweise und Einbindung in die Dynastie, die später beliebt blieb, ist für die Forschung eine große Hilfe, denn so gelingt es, manchen schlecht dokumentierten Herrscher an die richtige Stelle in der Abfolge zu plazieren.

Rauch-Jaguars hervorragendste Leistung ist die Errichtung der talbegleitenden Stelen. 20 Kilometer Luftlinie ist die Längenausdehnung dieses Systems, das sich auf den Bergrücken zu beiden Seiten des Talgrundes vom heutigen Dorf Santa Rita über das Zentrum von Copán zur kleinen Siedlung Hacienda Grande, hart an der heutigen politischen Grenze nach Guatemala, findet. Nicht nur als Bauleistung – schließlich mußten die schweren Quader steile Berghänge hinaufgeschleppt und dort oben errichtet werden –, sondern vor allem als konzeptionell-intellektuelle Leistung ist dies eine besondere Tat. Allerdings wissen wir immer noch nicht, was er damit beabsichtigte. Es mag sein Anliegen gewesen sein, eine allgemein sichtbare Abgrenzung seines unmittelbaren Herrschaftsgebietes, eben des Copaner Tales, zu schaffen. Vielleicht waren die talbegleitenden Stelen aber auch Beobachtungsstationen, von denen aus das Tal und die Zugangswege überwacht werden konnten. Eine andere Deutung, die sich großer Beliebtheit erfreut, ist die, daß zwei oder drei dieser Stelen (wenn wir eine im Tal stehende mit einbeziehen) astronomische Beobachtungslinien definierten. Zwar konnte ich die Unwahrscheinlichkeit dieser Deutung nachweisen, denn die nötige Sichtlinie wird wegen eines Berges, der am Horizont die vorletzte Stele überragt, gar nicht hergestellt, und die Deutung nimmt außerdem eine willkürliche Auswahl aus der Gruppe vor, doch wird diese Ansicht von einigen Wissenschaftlern und Laien immer wieder vorgetragen. Weniger spektakulär, aber von großer Bedeutung, ist die Entwicklung der Lunarastronomie während *Rauch-Jaguars* Regierungszeit. Astronomen an seinem Hof experimentierten mit Mondgruppierungen, vermutlich um Finsternisvoraussagen machen zu können, was allerdings erst Generationen später zum Erfolg führte und dann in der heute in Dresden aufbewahrten Handschrift niedergelegt wurde.

Vielleicht können wir in Grab 1, das Maudslay schon vor 100 Jahren freigelegt hat, seine Grabstätte erkennen. Es war eine sorgfältig gemauerte Gruft, nicht überreich ausgestattet, aber dennoch beachtlich. Bei *Rauch-Jaguars* Tod mit etwa 70 Jahren lag eine erfolgreiche und politisch ruhige Zeit hinter Copán.

Irgendwann zwischen den Jahren 672 und 686 hatte der spätere König *18-Kaninchen* das Licht der Welt erblickt. Als er am 23. November 710 seine Herrschaft antritt, beginnt eine kurze Zeit besonders prunkvoller Ausgestaltung des zentralen Platzes von Copán. Die Stelen und Altäre, die noch heute den Platz zieren, sind sein Werk. Und er hat, was der heutige Besucher nicht mehr sieht, diesen Platz grundlegend umgestaltet, indem er frühere Gebäude einreißen und planieren, Bildwerke an andere Orte versetzen ließ und für die Renovierung des Ballspielplatzes sorgte, wobei er auf Ausschmückung mit besonders symbolträchtigen Papageienplastiken sah. Der Feuer-Ara (*mo'*) ist Symbol der Sonne und Bestandteil des Namens des Copaner Dynastiegründers. Auf einem der Markiersteine ließ *18-Kaninchen* sich gar selbst als Ballspieler abbilden.

18-Kaninchen ist der erste und bisher einzige Herrscher von Copán, über dessen Ende wir Genaueres wissen. Er wurde von *Stürmischer-Himmel*, König des kleineren Nachbarstaates Quiriguá, im Norden jenseits der Berge gelegen, gefangengenommen und vermutlich später rituell geköpft. In Quiriguá berichtet man stolz mehrfach über dieses Ereignis, und man eifert Copán künstlerisch nach, indem *18-Kaninchens* Platz konzeptionell übernommen wird und man ihn in der Größe (nicht aber in der ästhetischen Qualität) der dort aufgestellten Bildwerke übertrumpft. In Copán selbst verzeichnet nur die Hieroglyphentreppe diesen Schicksalsschlag. Doch zuvor hatte *18-Kaninchen* von einmalig begnadeten und technisch versierten Künstlern sich und vielleicht seine Ehefrau auf dem großen Platz auf einem Stelenpaar in Stein darstellen und dazu einen langen Text einmeißeln lassen, der Copán neben Palenque, dem noch unlokalisierten Ort Chan und Tikal als eine der vier Hauptstädte des Maya-Reiches darstellt. Sollte dieser Anspruch der Wirklichkeit entsprechen, hätte Copán damals einen Höhepunkt an Macht und vor allem an internationalem Ansehen erreicht.

Merkwürdigerweise sind von *18-Kaninchens* Niederlage aber keine zerstörerischen Spuren oder Anzeichen anschließender Fremdherrschaft in Copán zu erkennen. Das verwundert auch insofern, als damals beachtliche Gastarbeiterkolonien in Copán bestanden, denn die bessere Alltagskeramik (Copador, Babilonia) wurde von Töpfern aus den südlichen und östlichen Randzonen des Maya-Gebietes hergestellt und von Malern, die auch keine Maya waren, verziert, während die öffentliche Kunst – Bauwerke und Plastiken – sich an Formen und Inhalten des zentralen Maya-Gebietes orientierte. Schon wegen der Notwendigkeit, die Maya-Hieroglyphen zu verstehen, wurde die öffentliche Kunst von Maya-sprechenden und der Maya-Schrift kundigen Künstlern geschaffen. Doch nach einem Aufstand war es den fleißigen, nicht zu den Maya gehörenden Töpfern anscheinend nicht zumute.

Schon 39 Tage nach der Gefangennahme von *18-Kaninchen* tritt der nächste Copaner Herrscher seine Regierung an. Sein Name *Drei-Tod* mag die Bezeichnung seines Geburtstages im Wahrsagekalender gewesen sein, wie es später und vor allem in anderen Regionen Mesoamerikas üblich war, doch ist das nicht sicher, denn ein genaues Geburtsdatum ist nicht überliefert. Seine Herrschaft umspannt zwar immerhin elf Jahre, doch wird aus dieser Zeit nichts von Bedeutung berichtet.

Der fünfzehnte Herrscher, *Rauch-Hörnchen*, erwähnt zwar, wer sein Vater war, doch in einer hieroglyphischen Variante, die wir mit keiner bekannten Person aus Copán identifizieren können. Er kam am 12. Februar 749 zur Herrschaft. Ihm verdanken wir die Endausgestaltung des schönsten und gewaltigsten Kunstensembles in Copán, Bauwerk 26 mit der Hieroglyphentreppe von ursprünglich über 60 acht Meter breiten Stufen, den in ihrer Mitte eingelassenen überlebensgroßen Sitzfiguren seiner Vorfahren und der den Fall aller Stufen überziehenden Hieroglypheninschrift.

Diese Stufeninschrift ist der längste Text, den Maya-Künstler je in Stein gemeißelt haben. Ein Erdbeben hat, wie bereits erwähnt, die Treppe weitgehend zerstört. Es hat auch den kleinen, ebenfalls prunkvoll mit Friesen ausgeschmückten Tempel auf der Spitze der Pyramide nicht verschont. *Rauch-Hörnchen* hat seine Vorfahren auf der Treppe als Krieger dargestellt: Alle sind mit Schild in der Linken und Lanze in der Rechten bewaffnet. Damit tritt erstmals in der offiziellen Kunst Copáns der Krieg in den Vordergrund, während Bauschmuck, Stelen und Altäre bis dahin immer mythologische Themen variiert haben. Man mag spekulieren, ob der Krieg gegen Quiriguá oder gar eine allgemein unruhiger werdende Zeit Auslöser dieses neuen Bildprogramms war. Da *Rauch-Hörnchen* sich so große Mühe gab, diese Pyramide zu vergrößern, mit einem Tempel zu krönen und mit einer repräsentativen Treppe zu schmücken, liegt es nahe, sein Grab dort zu vermuten. Obwohl Bauwerk 26 nie von Schatzsuchern geplündert wurde und Archäologen es seit Jahren mit Tunnels durchsuchen, ist sein Grab noch nicht gefunden worden; hingegen hat man viele wertvolle Skulpturen und auch reiche Gräber aus früherer Zeit entdeckt.

Herrscher Sonnenaufgang und der rasche Verfall

Mit *Sonnenaufgang* tritt uns der letzte uneingeschränkte und gut dokumentierte Herrscher der Copaner Dynastie entgegen. Seine Mutter gehört dem Herrscherhaus von Palenque an. Der westliche und der südöstliche Außenposten der Maya-Fürstentümer haben sich auf diese Weise verbunden. Wenn das auch kaum einen unmittelbaren Machtzuwachs für Copán bedeutet haben kann – dazu waren beide Staaten zu weit voneinander entfernt und beide waren traditionell machtpolitisch wenig ambitioniert –, stellte diese Verbindung sicher einen Prestigegewinn dar. Während *Sonnenaufgangs* Herrschaft hat sich das Copaner politische System und wohl auch die mit der Herrscherschicht verknüpfte Kultur gewandelt. Nun treten seine Brüder, ja selbst nicht zur engeren königlichen Familie gehörende Copaneken, als große Herren auf und stellen ihren Reichtum und ihr Prestige in eigenen Bau- und Kunstwerken dar. Dennoch, stets muß man dem Herrscher die Reverenz erweisen, und es gibt keine Anzeichen dafür, daß *Sonnenaufgang* ein schwaches Regiment geführt hätte. *Sonnenaufgangs* eigenes Bauprogramm war beachtlich. An allen Stellen der Stadt hat er Pyramiden überbauen, Tempel renovieren oder erweitern und ausschmücken lassen. Dabei fällt auf, daß die Baumeister es an Sorgfalt fehlen ließen. Die Mörtelfüllungen sind sehr sandig und damit wenig haltbar, und ein Tempeleingang mußte schon bald nach Errichtung wegen Baufälligkeit zugemauert werden. Wie immer bei überzogenen Zielen litt die Qualität, und keines seiner Gebäude steht heute mehr. Auch die künstlerische Form litt durch Massenfertigung. Große Flüchtigkeit und Sparsamkeit der Ausführung sind Kennzeichen vieler Steinbildwerke aus dieser Zeit.

Abrupt kommt das Ende noch während oder doch bald nach seiner Herrschaft. Eine unvollendete Steinskulptur stellt vielleicht die Übergabe der Herrschaft an einen sonst nicht dokumentierten Nachfolger nach dem Vorbild von Altar Q dar. Das restlos ausgeraubte Grab unter Tempel 18, der an seinen zwei Durchgängen Kriegerporträts von *Sonnenaufgang* trägt, ist ein weiteres äußeres Anzeichen für das unverhoffte und vielleicht gewaltsame Ende der Dynastie. Zwar weisen die Tempelskulpturen über diesem ausgeraubten Grab mit ihrer kriegerischen Thematik vielleicht auf unruhige Zeiten hin, doch sehen wir sonst keine Anzeichen für massive Zerstörungen, Plünderungen oder das gewaltsame Eindringen fremder Bevölkerung. Selbst für die Übernahme der Macht durch revoltierende Handwerker fremder ethnischer Zugehörigkeit, wie sie in Copán schon seit Jahrzehnten ansässig waren, liegen keine Hinweise vor. Die Dynastie nimmt um 820 ein Ende, und die Stadt wird mit ihren öffentlichen Bauten dem Verfall preisgegeben, während die bäuerliche Bevölkerung im Tal zwar noch weiterlebt, aber allmählich an Zahl abnimmt.

4. Palenque

Palenque ist die westlichste große Maya-Stadt. Sie liegt über zwei Kilometer ostwestlich ausgestreckt auf den ersten Hügeln der aufsteigenden Sierra Madre. Der Blick von ihren Tempeldächern oder dem Turm des Palastes reicht weit nach Norden in die Alluvialebene der Stromsysteme von Río Usumacinta und Río Grijalva. Im Rücken Palenques ragen die Berge steil und dicht bewaldet auf.

Mit der Auffindung der Ruinen *Otolum* durch einheimische Bewohner des benachbarten Dorfes Palenque (den Namen *Otolum* haben Chol-Indianer den Ruinen gegeben, er bedeutet ‚Land der Häuser') und der Meldung dieser Entdeckung an die Beamten der spanischen Regierung in Guatemala nahm die archäologische Erforschung Mexikos im ausgehenden 18. Jahrhundert ihren Anfang. Der Bericht von den Ruinen erregte beachtliches Interesse am spanischen Königshof, und so rüstete man umgehend eine wissenschaftliche Expedition aus, um die Ruinen fachgerecht zu erforschen. Der Vermessungsingenieur Antonio del Río als Expeditionsleiter und der Maler Ricardo Almendáriz erledigten ihre Arbeit denn auch vorbildlich. Berichte ihrer Forschungen sind, allerdings nicht in Spanien, veröffentlicht worden; eine der frühesten Veröffentlichungen wurde sogar wenige Jahre nach der englischen Erstausgabe im thüringischen Meiningen veranstaltet. Ganz Europa war offenbar von den Ruinen im Urwald nahe dem Dorf Palenque fasziniert.

Götter als Ahnen der Dynastie

Zunächst reklamierten die Herrscher von Palenque eine örtliche Trinität von Göttern als Vorfahren ihrer Dynastie. Diesen Gottheiten wurden durchaus menschliche Eigenschaften zugeschrieben; vor allem haben sie präzise bekannte Geburtstage, die von den Maya-Theologen in die Zeit des Beginns ihres Kalenders gelegt wurden, und die lag zur Zeit der Blüte der klassischen Maya-Kultur immerhin schon gut 3000 Jahre zurück. Jahrhundertelang haben die Chroniken dann nichts mehr zu vermelden, bis ein Mann namens *U-Ch'ix-Chan* am 11. März 993 v. Chr. geboren wurde. Er bestieg den Thron mit 26 Jahren. Wenn sein Inthronisationsalter ihn als wirkliche menschliche Person ausweist, so ist zumindest die Plazierung dieses Ereignisses in olmekische Zeit unwahrscheinlich. Er mag daher eine fiktive Person sein oder ein wirklicher Vorfahre, dessen Lebenszeit weit in die Vergangenheit verlegt worden war. Man kann andererseits auch darüber spekulieren, ob bei den Maya in Palenque chronologisches Wissen und Kenntnis der Olmeken-Kultur bestand und ob sie daher bewußt die Zeitspanne dieser angesehenen Vorgänger-Kultur als Lebenszeit ihres Ahnen *U-Ch'ix-Chan* wählten. *U-Ch'ix-Chans* Herkunft ist nicht klar. Irgendwie scheint er über eine Person namens *Matanal* von der Lokalgöttin *Biest* abzustammen, die ihrerseits als Herrscherin Palenques vorgestellt wird.

Die ersten historischen Herrscher

Bis zum nächsten Herrscher *Bahläm-K'uk'* klafft eine beträchtliche Lücke. Sein Geburtstag ist der 28. März 397. Daß es sich hierbei um eine historisch zuverlässige zeitliche Einordnung handeln kann, geht aus unserer Kenntnis des Beginns der klassischen Maya-Epoche hervor. Um diese Zeit scheint die Institution des Königtums im Maya-Tiefland Verbreitung gefunden zu haben oder von außen eingeführt worden zu sein. Wir hatten das ja bereits bei Tikal und Copán gesehen. *Bahläm-K'uk'* kam erst mit 34 Jahren auf den Thron. Seine Residenz innerhalb Palenques wird in Texten genannt, und auch spätere Mitglieder der Dynastie haben dort hofgehalten.

Von 422, der Inthronisation von *Bahläm-K'uk's* Nachfolger namens *Kaspar* (ein Spitzname, den die Forschung ihm beigelegt hat), bis 612 folgen acht Herrscher aufeinander, ohne daß über sie Bemerkenswertes bekannt ist. Zukünftige Grabungen werden sicher noch einiges Licht auf diese Frühzeit werfen.

Pakal der Große

Eine Frau namens *Säk-K'uk'* wurde am 17. Oktober 612 inthronisiert. Ihre Bedeutung liegt darin, daß sie vermutlich die Mutter des bedeutendsten Herrschers von Palenque, nämlich *Pakals des Großen*, war. Inschriftlich ist ihr das Tempelchen zuzuordnen, das die Forschung wegen seiner Lage außerhalb des Zentrums „El Templo Olvidado“, den „vergessenen“ oder „verschollenen Tempel“, nennt. Frau *Säk-K'uk'* ist am 7. September 640 gestorben. Von ihrem Ehemann, dem Vater *Pakals, K'än-Bahläm-Mo'*, ist nur das Todesdatum bekannt. Es ist der 27. Dezember 642. Seine Frau hat er also um zwei Jahre überlebt. Er selbst hat aber nicht in Palenque geherrscht, so daß wir hier die erstaunliche Situation vorfinden, daß eine Frau die Regierung leitet, ihr Mann jedoch im Hintergrund steht, was bemerkenswert ist, da die Maya ein patrilineares Verwandtschaftssystem pflegen. Doch ist die Prominenz von Frauen uns bereits aus der Maya-Stadt Yaxchilán geläufig, wiewohl die Ehefrauen der beiden großen Könige *Schild-Jaguar* und *Vogel-Jaguar* dort nicht regiert haben.

Geboren ist der spätere Herrscher *Pakal der Große* am 21. März 603 als Sohn des *K'än-Bahläm-Mo'* und der Regentin *Säk-K'uk'*. Schon am 24. Juli 615, also mit knapp 13 Jahren, kam er zur Herrschaft, zu einer Zeit, als die Regentin, seine Mutter, noch lebte und bei bester Gesundheit war (sie starb erst zehn Jahre später). *Pakals* Inthronisation fand in Haus E des Palastes statt (Abb. 11). Frau *Säk-K'uk'* reicht ihm, der auf einem doppelköpfigen Jaguarthron sitzt, den Helm als Herrschaftszeichen. Warum diese vorzeitige Herrschaftsübergabe? Meine Hypothese ist, daß Frau *Säk-K'uk'* in Ermangelung eines legitimen Mannes, der dieses Amt hätte bekleiden können, die Regentschaft führte. Nachdem sie einen Sohn geboren hatte und dieser volljährig geworden war, wurde er als legitimer Herrscher eingesetzt, und ihre zwischenzeitliche Regentschaft hatte ein Ende. Nach seiner Inthronisation hat *Pakal* bis ins hohe Alter die Staatsgeschäfte von Palenque geleitet; erst am 26. August 680 ist er 80jährig gestorben.

Seltenes Archäologenglück brachte es mit sich, daß der mexikanische Ausgräber Alberto Ruz Lhuillier die unversehrte Totengruft *Pakals* tief unter dem Tempel der Inschriften entdeckte und dort auch den noch verschlossenen steinernen Sarg des Königs vorfand. Der König war von einer Jade-Mosaikmaske bedeckt und mit reichem Schmuck ausgestattet. Sein Sarg trägt auf der Oberseite des Deckels die Darstellung der

Abbildung 11: Palenque, Palast, Haus E, Rückenlehne des Throns. (Zeichnung und Vorlage: Merle Greene Robertson)

Apotheose des Königs und seinen Kanten entlang eine umlaufende Inschrift, in der wir mit Kalenderdaten über seine Vorfahren und sein eigenes Leben genau informiert werden. Daher sind wir auch sicher, daß es *Pakal* ist, der hier begraben liegt. Allerdings meinte der Ausgräber Ruz, selbst kein Fachmann in Hieroglyphenfragen, dem Befund der Knochenuntersuchung mehr trauen zu müssen als dem der hieroglyphischen Inschrift auf dem Sargdeckel und den Wandinschriften des Tempels darüber. Seine mexikanischen Kollegen Eusebio Dávalos Hurtado und Arturo Romano hatten die Skelettreste des Königs nämlich noch *in situ* in der Gruft studiert und auf ein Sterbealter von 40 bis 50 Jahre geschätzt. Laboruntersuchungen von 1975, 25 Jahre nach der ersten Untersuchung, wiederum unter

Beteiligung von Arturo Romano und weiteren Spezialisten in Mexiko, kamen dann auf das noch geringere Alter von 30 bis 40 Jahren. Wie wir heute wissen, kann man das Sterbealter erwachsener Menschen an Skelettresten mit traditionellen Untersuchungsverfahren aber nicht genau bestimmen, und nach meiner Meinung hat die Schätzung der physischen Anthropologen daher wenig Gewicht; auch die spätere Untersuchung der Mineralisation eines kleinen Teils von *Pakals* Schädeldecke ist für genaue Altersaussagen nicht geeignet. Die mexikanischen Untersuchungsergebnisse besagen in Wirklichkeit nicht mehr, als daß es sich um die Knochen eines erwachsenen Mannes handelt. Ruz selbst war aber nie bereit, der erst später gelungenen Entzifferung der hieroglyphischen Inschrift mit den darin enthaltenen Lebensdaten *Pakals* sein Vertrauen zu schenken, sondern blieb bis zu seinem Tod bei der einmal geäußerten Vermutung, *Pakal* sei als Mann von etwa 40 Jahren gestorben. Ich vertraue den hieroglyphischen Angaben jedoch mehr, die besagen, daß *Pakal* erst mit 80 Jahren gestorben ist.

Als König, der für den Fortbestand der Dynastie zu sorgen hat, war *Pakal* verheiratet. *Ahpo-Hel* war seine Ehefrau. Selbst mindestens 20 Jahre jünger als ihr Gemahl, hat sie ihm zwei Söhne geboren: *Bahläm-Chan* und *K'än-Hok'-Xul*. Beide wurden später auch Herrscher von Palenque. Frau *Ahpo-Hel* hat ihren Gemahl, obwohl sie so viel jünger war als er, dennoch nicht überlebt, sie ist gut zehn Jahre vor ihm, am 11. November 672, gestorben.

Im Sommer des Jahres 1994 haben wiederum mexikanische Archäologen in einem kleinen Tempel neben *Pakals* Grabbau eine ebenso ausgebaute Gruft mit Steinsarkophag entdeckt. Leider finden sich dort keine Inschriften, und das Skelett ist noch nicht untersucht worden. Dennoch möchte ich einige Spekulationen über die Person in diesem neuen Grab wagen. Der frühe Tod von Frau *Ahpo-Hel* mag Anlaß gewesen sein, daß ihr Ehemann noch selbst dafür sorgte, ihr neben seiner eigenen Residenz, dem Tempel der Inschriften, ein bescheidenes, aber würdiges Haus zu errichten und sie dort bestatten zu lassen. Ähnlich könnte *Pakal* allerdings mit diesem Bauwerk auch für seine Mutter, Frau *Säk-K'uk'*, gesorgt haben, die ebenfalls erst während seiner Herrschaft gestorben ist. Auf alle Fälle möchte ich bei diesem Grab wegen der unmittelbaren Nähe zu *Pakals* Mausoleum annehmen, daß es sich um jemanden aus seiner unmittelbaren familiären Umgebung handelt. Die Position des Grabtempels auf derselben Plattform, jedoch nicht so hochragend wie der des Königs, weist auf eine untergeordnete Stellung hin. Daher scheiden *Pakals* Söhne *Bahläm-Chan* und *K'än-Hok'-Xul* aus, da sie sich selbst inschriftlich geschmückte Denkmäler errichtet haben und sich kaum mit einem untergeordneten Tempelchen im Schatten des Mausoleums ihres Vaters begnügt hätten. Bei *K'än-Hok'-Xul* kommt als Argument hinzu, daß er wahrscheinlich gar nicht in Palenque gestorben ist und daher schwerlich dort in einer Gruft begraben liegen kann.

Bahläm-Chan und K'än-Hok'-Xul

Am 18. Mai 635 geboren und unmittelbarer Nachfolger *Pakals*, war *Bahläm-Chan* selbst ein bedeutender Herrscher. Er ließ das Mausoleum für seinen Vater und Vorgänger, den Tempel der Inschriften, fertigstellen, nachdem er am 5. Januar 684 den Thron bestiegen hatte. Danach war *Bahläm-Chan* baulich vor allem in der Kreuzgruppe tätig. Dort ließ er um einen kleinen offenen Platz die drei zierlichen Tempelchen des Kreuzes, des Blätterkreuzes und der Sonne errichten und reich mit Steinreliefs und Stuck-Appliqué-Arbeiten ausschmücken. Diese drei Tempel sind, was ihre Lage zueinander und ihren Skulpturenschmuck angeht, wohl als Ensemble geplant und stellen als solches eine der anmutigsten Baugruppen der Maya dar. *Bahläm-Chans* Herrschaft hatte 18 Jahre gewährt, als er am 14. Februar 702 starb.

K'än-Hok'-Xul, der jüngere der beiden Brüder, wurde am 31. Oktober 644 geboren, inthronisiert wurde er aber erst mit fast 60 Jahren, am 28. Mai 702, wenige Tage nach dem Tod seines älteren Bruders und Vorgängers. Die späte Inthronisation hat ihre Ursache in der Langlebigkeit seines Vaters und seines Bruders, die ihm beide in der Herrschaft vorausgegangen waren. Nachdem *K'än-Hok'-Xul* endlich selbst den Thron besteigen konnte und sich im üblichen Rahmen als Baumeister und Kunstförderer betätigt hatte, war ihm doch kein Glück beschieden, denn schon neun Jahre nach Antritt seiner Herrschaft wurde er vom Fürsten von Toniná, dem benachbarten, aber bereits im Bergland liegenden Staat, gefangengenommen und bis an sein Lebensende gefangengehalten (Abb. 12). Man hätte ihn auch sofort dem Opfertod zuführen können. Doch der Herrscher von Toniná handelte politisch klug, wenn er seinen gefangenen fürstlichen Gegner am Leben ließ. Auf diese Weise konnte in Palenque kein neuer Herrscher eingesetzt werden, denn der rechtmäßige lebte ja noch. Man mußte sich mit einem blassen Statthalter namens *Xok* begnügen, der, so das Kalkül des Herrschers von Toniná, weniger Prestige und damit weniger Macht haben würde.

Das Ende der Dynastie

Ob Zufall oder Indiz, das traurige Ende *K'än-Hok'-Xuls* in Toniná leitet den Niedergang der Dynastie von Palenque ein. Zwar folgen noch einige Herrscher, doch wird dabei mit *Chäk-*

Abbildung 12: Toniná Monument 122.
(Zeichnung: Ian Graham; Vorlage: Tonina)

Suts' am 13. Juni 723 auch ein nicht aus dem Königshaus stammender Statthalter zum Herrscher erhoben; und 50 Jahre später wird durch die Abspaltung Pomonás auch der territoriale Verfall des Staates Palenque sichtbar. Am 27. August 787 entriß der Usumacinta aufwärts gelegene Nachbarstaat Piedras Negras dem König von Palenque die Herrschaft über Pomoná. Der letzte palenkanische Herrscher, *Sechs-Tod*, der 799 seine Regierung antritt, ist nur aus der Inschrift auf Scherben einer Tonschale bekannt. Keine Steininschrift und kein Grab zeugen von ihm! Macht und Herrlichkeit Palenques waren also bereits im Verfall begriffen, und Palenque ist damit die erste größere Maya-Stadt, die dem allgemeinen Kollaps am Ende des Klassikums erlag.

Es ist vielleicht kennzeichnend für diese Katastrophe, daß der Zusammenbruch sich langsam vom Westen her, also ausgehend von Palenque, den Río Usumacinta aufwärts vorarbeitete: Als nächste kamen Piedras Negras und Yaxchilán zu Fall, dann ereilte das Schicksal die Städte um den See von Petexbatún: Dos Pilas, Aquateca u.a. und schließlich auch Tikal und den zentralen Petén sowie Orte an den Zuflüssen des Río Usumacinta, wo in Seibal deutlich Zeichen mexikanischen Einflusses auf den letzten Monumenten zu finden sind. Nur Toniná und die Maya-Städte im Norden der Halbinsel Yukatan hielten aus und führten klassische Traditionen bis nach 900 weiter.

5. Politische Geographie

Das südliche Tiefland

Schon die erste Entdeckung historisch-politischer Themen in den Maya-Inschriften, die dem Deutsch-Mexikaner Heinrich Berlin 1958 gelang, warf ein deutliches Licht auf die politische Verfassung des Maya-Tieflandes in der Spätklassik. Auch heute, 35 Jahre nach dieser Entdeckung, sind die von Berlin so genannten Emblem-Hieroglyphen immer noch das sicherste Indiz für ein Herrschaftsgebiet. Ein Emblem bezeichnet den Ort, an dem es am häufigsten und zeitlich am frühsten auftaucht, als Herrschaftszentrum, indem es den Titeln des Herrschers angefügt wird, so wie ein europäischer Fürst sich „Herzog von Schwaben" nennt und auf diese Weise den Anspruch auf ein bestimmtes Herrschaftsgebiet deutlich macht. Wir kennen heute aufgrund der Embleme etwa 20 solcher Herrschaftsgebiete, die freilich von sehr unterschiedlicher Größe und verschiedenem politischem Gewicht waren (Karte 4, S. 110).

Die westlichste Emblemprovinz und zugleich, trotz ihrer kurzen Blüte, eine der bedeutendsten hatte ihr Zentrum in Palenque. Sie umfaßte das große Deltagebiet der Ströme Usumacinta und Grijalva und reichte im Norden sicher bis an den Río San Pedro Martir. Tortuguero und Pomoná sind zwei bedeutende Orte in ihr, und vielleicht hat auch Comalcalco, die westlichste Maya-Stadt, dazugehört. Das Großfürstentum Palenque scheint kaum Konkurrenz und Kriegsdruck verspürt zu haben. Lediglich das südlich, schon in den Bergen gelegene Toniná hat sich einmal, wie wir sahen, gewaltsam in die dynastischen Verhältnisse von Palenque eingemischt, doch führte das nicht zu bleibender Beeinträchtigung des palenkanischen Herrschaftsgebietes.

Im Vergleich zu Palenque beherrschten Piedras Negras und Yaxchilán, die weiter Usumacinta aufwärts angrenzenden Fürstentümer, jeweils nur bescheidenere Gebiete in unmittelbarer Umgebung ihrer Hauptstädte an besagtem Strom. Bei Yaxchilán immerhin, dessen Außenbeziehungen besonders gut erforscht sind, gehörten dazu die Orte La Pasadita und Laxtunich am jenseitigen Ufer des Usumacinta und das diesseits einen halben Tagesmarsch entfernt im Binnenland gelegene Bonampak sowie zeitweilig dessen Nachbarstadt Lacanjá, während El Cayo in einer sowohl geographisch wie geopolitisch prekären Grenzlage zwischen Yaxchilán und Piedras Negras schwankte. Auch in diese Sphäre griff Toniná gelegentlich kriegerisch ein, so daß das politische Gewicht dieses am Rand gelegenen Staates nicht unterschätzt werden darf.

Im zentralen Tiefland war zweifellos Tikal der bedeutendste Staat. Er hat von der Frühklassik bis zum allgemeinen Niedergang der Stadtstaaten im 9. Jahrhundert immer eine bedeutende Rolle gespielt. Manche Forscher gehen deshalb so weit, mit dem Blühen und dem Niedergang Tikals das Schicksal des ganzen Maya-Tieflandes zu verknüpfen. Südlich von Tikals Herrschaftsgebiet erwuchs ihm zeitweilig aber ein Konkurrent in dem Fürstentum von Petexbatún, das nach dem gleichnamigen kleinen See so heißt, um den sich die Städte Aguateca, Dos Pilas und Tamarindito gruppieren. Und auch die nördlichen Nachbarn ließen keine Ruhe: Der Staat von Chan, worin wir Calakmul oder El Perú erkennen, war zeitweilig Konkurrent, und selbst das direkt benachbarte Uaxactún war nicht immer nur Juniorpartner im Bündnis mit Tikal. So war das zentrale Tiefland ein beständiger Unruheherd (s. Karte 3, S. 98). Ganz besonders zeigt sich das zwischen Tikals östlichen Nachbarn Caracol und Naranjo und der Metropole selbst; und diese Instabilität war ja auch ein Auslöser für den Hiatus.

Stabil und wenig durch Kriege geprägt stellt sich uns, ähnlich wie Palenque, die Südostregion mit Copán als wichtigstem Zentrum und Quiriguá als einzigem ernsthaften Konkurrenten dar. Zwischen den beiden gab es zwar eine kriegerische Episode während der Regierungszeit des Copaner Herrschers *18-Kaninchen*, doch scheint sie sich für keines von beiden Staatswesen schädlich ausgewirkt zu haben.

Wie wir schon bei der Darstellung einzelner Ortsdynastien gesehen haben, waren nicht nur Kriege, sondern auch dynastische Heiraten ein Mittel der Maya-Politik. Wir sind über etwa ebenso viele dynastische Heiraten und friedliche Besuche informiert wie über Kriege. Und dabei schließen sich diese Formen der Kontaktnahme nicht aus. So wie Naranjo, Tikal und Caracol sich bekriegten, so heirateten sie auch untereinander. Und schließlich gab es immer wieder Staatsbesuche zwischen ihnen und anderen Staaten.

In den geschilderten Territorialstaaten scheint sich in spätklassischer Zeit das Bedürfnis einer übergreifenden, das ganze Tiefland umfassenden politischen Ordnung herausgebildet zu haben. Wenn dafür auch ideelle Gründe ausschlaggebend gewesen sein mögen und das Ergebnis unter Umständen eher fiktiv als im politischen Alltag wirksam war, so hat es wahr-

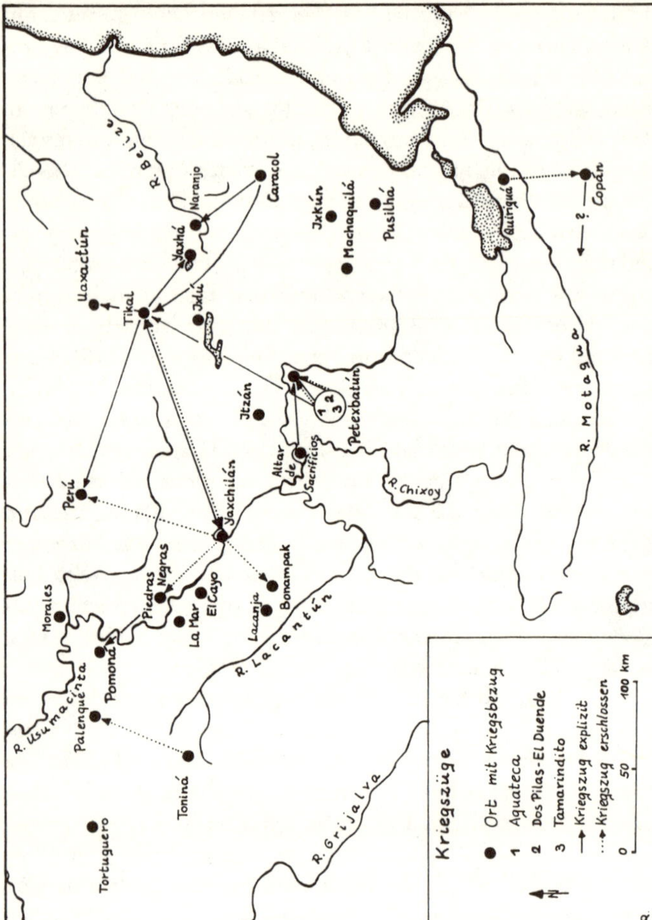

Karte 3: Kriegszüge im südlichen Tiefland in klassischer Zeit.
(Entwurf und Ausführung: B. Riese)

scheinlich doch den intensiven Handelsbeziehungen, der intellektuellen Zusammenarbeit der Kalenderpriester und Astronomen, den Heiratsallianzen der Herrscherhäuser und den Staatsbesuchen einen ideologischen Überbau geliefert.

Vor allem die Heiratsallianzen werden wenigstens eine Zeitlang für Frieden und Zusammenarbeit im Maya-Tiefland gesorgt haben. Die Einheirat einer palenkanischen Prinzessin in das Herrscherhaus von Copán zeigt schlaglichtartig, daß auf diesem Weg auch weit entfernte Stadtstaaten miteinander in enge Beziehungen traten, und Einzeluntersuchungen haben in diesem Fall gezeigt, daß dabei auch intellektuelle und künstlerische Einflüsse übermittelt wurden, wie etwa die Sitte, große Räucherbecken aufzustellen. Das Ergebnis dieser Entwicklungen war vielleicht eine politische Entente, in der das ganze südliche Maya-Tiefland in vier Großprovinzen aufgeteilt wurde. Der westlichsten stand Palenque vor; die beiden zentralen wurden von den in dauernder Konkurrenz stehenden Städten Tikal und Chan (El Perú oder Calakmul) geleitet; und die südöstliche hatte ihr Zentrum in Copán. Trotz zweimaliger Umgruppierungen hatte diese Entente bis zum Verfall der Staaten im Tiefland, insgesamt also über 200 Jahre, von etwa 650 bis 850 Bestand.

Das nördliche Tiefland

Das nördliche Tiefland ist nicht Teil dieses durch Emblem-Inschriften bekannten Maya-Gebiets, wiewohl es dieselbe Schrift und ähnliche Stadtanlagen, ein verwandtes Kunstschaffen und eine eng verwandte Sprache mit ihnen teilte.

Wenn es hier überhaupt ein Indiz für ein übergreifendes politisches Gefüge gibt, sind es die auf den äußersten Norden der Halbinsel Yukatan beschränkten Netze von Überlandstraßen, die *Sakbe*. Leider gibt es keine umfassende Untersuchung und Darstellung dieses überregionalen Straßennetzes im Norden Yukatans. Es war sicherlich nicht so ausgebaut und planvoll angelegt wie die Inka-Straßen in Peru, doch nichtsdestoweniger stellen auch die Maya-Landstraßen bedeutende Bauleistungen dar. Der längste *Sakbe* erstreckt sich immerhin über 100

Kilometer und hat dabei eine durchschnittliche Breite von fast zehn Metern. Er überwindet Sümpfe und Senken auf gut fundierten Steinpackungen und ist auf weite Strecken schnurgerade angelegt. Wenn wir bedenken, daß die Maya keine Transport- und Zugtiere hatten und auch keine Wagen, will der verkehrstechnische Zweck solcher Straßen nicht recht einleuchten. Man nimmt daher an, daß sie vor allem als Prozessionsstraßen gebaut wurden, wiewohl ähnliche gepflasterte Straßen in den Städten, wo zahlreiche Bevölkerung, Bauvorhaben und Handel von ihnen Gebrauch machen konnten, als Erleichterung des alltäglichen Verkehrs sehr wohl sinnvoll waren. Cobá, am östlichen Ende der genannten langen Überlandstraße, ist das beste Beispiel für ein verzweigtes metropolitanes Straßennetz. Was die Hauptfunktion der Überlandstraßen auch gewesen sein mag, gewiß hat die Planung, die Herstellung, die zeremonielle Nutzung und die laufende Instandhaltung ein Friedensgebiet zur Voraussetzung und weist vielleicht, wie bei den Inka, auf großräumige staatliche Planung und einen gesamtstaatlichen Machtbereich hin.

Zur weiteren Erschließung der gesellschaftlichen und politischen Struktur, und das gilt nicht nur für den Norden, dient schließlich noch die für das Maya-Gebiet immer wieder versuchte Interpretation von Siedlungs- und Besiedlungsbefunden. Die dafür nötigen genauen Landesaufnahmen und die Herstellung von Ortskarten sind wegen der dichten Bewaldung und der Unerschlossenheit des Inneren der Halbinsel mit viel Mühe verbunden und daher noch nicht im nötigen Umfang geleistet. Die Anwendungen der in Mitteleuropa und in der historischen Geographie aussagekräftigen Methode der zentralörtlichen Verteilung scheint mir deshalb hier verfrüht. Zwar ist das ebene gleichförmige Land die ideale Voraussetzung für eine nur durch menschliche Entscheidung und menschliches Handeln begründete Siedlungsverteilung, doch bedarf es zu seiner zentralörtlichen Deutung eben der vorangehenden Erfassung aller Siedlungen mit ihren wichtigsten wirtschaftlichen und demographischen Parametern; und diese Voraussetzung ist noch nicht erfüllt.

Das Hochland

Das Maya-Hochland scheint, wenn wir uns auf die Zeit der Spätklassik beschränken, sich ganz außerhalb des unmittelbaren politischen Wirkens der Tieflandbewohner befunden zu haben. Diese Trennung läßt sich auf geringe Kommunikation wegen der Unwegsamkeit der Abdachungen des Hochlandes zurückführen. Daher bedurfte es stets besonderer historischer Bedingungen, damit Hochland und Tiefland enger zusammenfanden. Solche Bedingungen herrschten wohl dauerhaft in grauer Vorzeit; davon legt die immer noch feststellbare, wenn auch entfernte sprachliche Verwandtschaft zwischen Hochland- und Tiefland-Maya Zeugnis ab. So war es vielleicht auch eine kurze Zeit infolge des Flüchtlingsstromes aus dem Hochland, der sich nach dem Ilopango-Ausbruch ins Tiefland ergoß. Die Vorherrschaft von Teotihuacan in der mittelklassischen Epoche war ebenfalls eine solche Zeit (Kapitel III), und wir werden im nächsten Kapitel eine weitere kurze Kontaktperiode kennenlernen. Sonst aber blieben Hochland und Tiefland einander meist fremd.

V. Niedergang und Neuorientierung im Nachklassikum

1. Fremde Eindringlinge

Das ausgehende neunte Jahrhundert ist im südlichen Mesoamerika eine unruhige Zeit. Wellen mexikanischer Gruppen strömten zu verschiedenen Zeiten und auf verschiedenen Wegen nach Süden und Südosten. Diese Ereignisse waren offenbar so umwälzend und haben so tiefen Eindruck hinterlassen, daß schriftliche Berichte aus der Kolonialzeit ausführlich davon erzählen, obwohl das Geschehen zur Zeit der Niederschrift bereits 500 Jahre zurücklag.

Der mexikanische Einfluß läßt sich aber nicht nur in historischen Berichten und am Stil der Bau- und Kunstwerke festmachen (Phallus-Darstellungen als Fassadenschmuck sind ein wichtiges Indiz), sondern im ganzen Maya-Gebiet finden vermehrt Lehnwörter aus Nahua-Sprachen Zentralmexikos Eingang (s. Tabelle 2, S. 29). In Yukatan gab es sogar ein Herrschergeschlecht mit dem mexikanischen Namen *Tutul Xiw*, das bei Ankunft der Spanier in Mani die Macht ausübte.

Die Fremden scheinen der Golfküste entlangziehend nach Tabasco eingedrungen zu sein. Dort wurden sie zunächst durch enge Kontakte mit den küstenbewohnenden Chontal-Maya (so ihr mexikanischer Name), die in Itzamkanak und Tixchel ihre Hauptsiedlungen hatten, geprägt und setzten die Wanderung dann als Putun-Maya-Mischgruppe (so ihr Maya-Name) fort. Im Verlauf von vielleicht nur 50 Jahren wanderten sie von der Küste den Río Usumacinta aufwärts. Der Name dieses Stromes ist übrigens auch mexikanischen Ursprungs und bedeutet ‚Affenfluß'. Die weitere Wanderbewegung können wir am Aussetzen datierter Inschriften verfolgen, denn die letzten klassischen Herrscherskulpturen mit Inschriften markieren vermutlich das erste Auftauchen der neuen Machthaber. In Palenque hört die einheimische Königsherrschaft um 780 auf. Piedras Negras errichtet noch bis 795 Denkmäler. Der letzte Herrscher von Yaxchilán, der im übrigen, ebenso wie der letzte verbürgte König von Piedras Negras, in seinen Inschriften von besonders vielen Kriegstaten berichtet, starb am 7. April 808, also wiederum nur 13 Jahre später. Mit dem Erreichen von Yaxchilán zeichnet sich ein Umschwung in der Politik der eindringenden Putun ab. Die nächsten Orte, die unter ihren Einfluß geraten, Altar de Sacrificios um 850 und Seibal zwanzig Jahre später, finden nämlich nicht ein abruptes Ende, sondern sie erleben eine kurze Nachblüte, in der Elemente der Putun-Kultur und der klassischen Maya-Kultur im Stelenkult verschmelzen oder nebeneinander auftreten. Das muß man wohl als Zeichen relativ friedlicher Durchdringung deuten. Als letzte Tieflandregion, vielleicht wegen ihrer Abgelegenheit von den Hauptwasserstraßen, fällt der zentrale Petén um 890 dem Niedergang anheim.

Der Norden blieb anfangs von diesen Umwälzungen unberührt. Zwar nimmt die Forschung aufgrund zahlreicher spätklassischer Stadtmauern an, daß auch dort die Kleinstaaten sich bekriegten, doch ist das kein ausreichendes Anzeichen für mexikanische Durchdringung, denn kriegerisch waren auch schon die Fürstentümer der klassischen Epoche im Süden.

Das Beispiel Chich'en Itsa mag diese Kontinuität verdeutlichen. Dort finden wir in den Bauten klassischer Prägung zahlreiche Hieroglypheninschriften, die zwar nicht mehr einen einzelnen Herrscher verherrlichen, die aber doch von den Bewohnern als Fürsten handeln und deren Verwandtschaft und rituelle Pflichten nennen, ganz so, wie es früher auch im Süden Brauch gewesen war, nur daß die Privilegien breiter gestreut sind. In Chich'en Itsa finden wir diese traditionellen Verhältnisse etwa 50 Jahre länger als im Süden. Dann, um 950, ist auch hier Schluß mit der inschriftlichen Tradition, und der mexikanische Einfluß wird spürbar und schließlich überwältigend; was zur Folge hat, daß die bestimmende Rolle Chich'en Itsas ein Ende findet und das Land zerfällt.

Die Putun oder Itsa, wie sie in indianischen Quellen aus der Kolonialzeit auch genannt werden, dringen schließlich auf dem Seeweg entlang der Küste auch in den Norden der Halbinsel Yukatan vor. Die erste Chronik in den Büchern des *Jaguar-Priesters* mag als Beleg dienen:

Dies ist die Folge der *K'atune*, seit sie ihr Land verlassen haben, ihre Häuser in *Nonoal.* Vier *K'atune* waren die *Tutul Xiw* im Westen, in *Suyua.* Das Land, woher sie kamen, war *Tulapan Chikonawtlan.* Vier *K'atune* wanderten sie, bis sie hier ankamen mit *Holon Ch'an Tepeuh* und seinen Mannen. Dann verließen sie jene Gegend, als es 7 *K'atun* war. 6 *ahaw*, 4 *ahaw*, 2 *ahaw*: 81 Jahre. Im ersten *Tun* von 13 *ahaw* war es, als sie hier in dieser Gegend ankamen. ... 8 *ahaw* war es, als sie *Chich'en Itsa* entdeckten. ... 100 Jahre regierten sie in *Chich'en Itsa*, und dann wurde *Chich'en Itsa* verlassen. Damals geschah das Dreizehnfache-Falten des *K'atuns.* Dann gingen sie, sich in *Chak'anputun* niederzulassen. Dort hatten die *Itsa*, gläubige Menschen, ihre Häuser. ... 8 *ahaw. Chak'anputun* wurde verlassen. 260 Jahre wurde in *Chak'anputun* die Herrschaft von den *Itsa*-Menschen ausgeübt. ... 40 Jahre. Dann kamen sie, ihre Häuser zum zweiten Mal zu errichten, nachdem sie *Chak'anputun* verlassen hatten. Dies sind die Jahre: 40 Jahre. In diesem *K'atun* 2 *ahaw* richtete sich im Land *Ah Suytok' Tutul Xiw* in *Uxmal* ein. 2 *ahaw*, 13 *ahaw*, 11 *ahaw*, 9 *ahaw*, 7 *ahaw*, 5 *ahaw*, 3 *ahaw*, 1 *ahaw*, 12 *ahaw*, 10 *ahaw. Ah Suytok' Tutul Xiw* ließ sich nieder im Land, in *Uxmal.* 200 Jahre regierten sie im Land von *Uxmal* zusammen mit dem *Halach Winik* von *Chich'en Itsa* und von *Mayapan.*

Die Itsa gründen ihre Hauptstadt also zeitweilig in Chich'en Itsa, der Name bedeutet ja auch einfach ‚am Brunnen der Itsa'. Von dort werden sie aber wieder vertrieben. In einer letzten Invasionswelle erreichen dann Tolteken Yukatan. Nach zentralmexikanischen Berichten war ihr Reich in Tula um diese Zeit zugrunde gegangen, und eine große Gruppe unter ihrem Priesterkönig *Ketsalkoatl*, der in Yukatan *K'uk'ulkan* heißt, beides bedeutet ‚Federschlange', war nach Osten geflohen und ließ sich ebenfalls in Chich'en Itsa nieder. Die Tolteken bauten die Stadt in grandioser Weise nach ihren Architektur- und Städtebauvorstellungen um. Mit der Chakmool-Skulptur als Opferaltar vor den Pyramiden und auf den Tempelplattformen, mit den Schädelstätten für die Köpfe der Geopferten und mit den Kriegerfriesen als Schmuck an Versammlungshallen und Pyramidenwänden führten sie Elemente toltekischer Religion, Kunst und Bauweise ein. Man vermutet, daß damit auch zugleich die Menschenopfer zunahmen und die zentralmexikanische Institution der Kriegerorden ihren Einzug hielt. Allerdings ist neuerdings wieder strittig, ob dieser toltekische Einfluß erst nach dem Zusammenbruch der klassischen Maya-Tradition in

Chich'en Itsa einsetzt oder ob er sich zeitlich mit ihm überlappt. Letzteres meint der nordamerikanische Archäologe Charles Lincoln aus seinen Grabungen in Chich'en Itsa folgern zu können; und in der Tat gibt es einige Bauten im toltekischen Stil, die mit klassischen Maya-Hieroglyphen verziert sind, wo sich also Äußerungen beider Kulturen sichtbar mischen. Diese offensichtliche Klammerfunktion des Ortes macht es für den Historiker schwierig, die einzelnen Phasen seiner Geschichte aus dem archäologischen Befund abzulesen.

Die Eroberungen der Putun und Tolteken im Norden haben nicht den verheerenden Effekt wie ähnliche Ereignisse im Süden. Im Gegenteil, Chich'en Itsa erblüht zu neuem Glanz, und die große Insel Kusamil entwickelt sich zum bedeutenden Handels- und Pilgerzentrum. Der endgültige Niedergang geschieht hier erst um 1240 mit dem Zerfall des Nordens in 13 sich bekriegende Kleinstaaten und der weiteren Aufgabe ererbter künstlerischer und zivilisatorischer Errungenschaften.

Werfen wir jetzt einen Blick auf das Hochland, das in dieser Epoche dieselben Umwälzungen durchmacht und ja von sprach- und stammesverwandten Maya-Indianern bewohnt wird. Dort werden zu den traditionellen Talsiedlungen der spätklassischen Zeit jetzt vermehrt Fluchtburgen auf den Höhen angelegt oder ausgebaut, und das geht mit einem merklichen Bevölkerungsrückgang einher. Die Forschung nimmt an, daß auch hier das Eindringen fremder Gruppen im Hintergrund steht und daß diese über die Einfallspforten des Río Usumacinta und seiner Quellflüsse, des Río de la Pasión und des Río Chixoy, ins Hochland gelangt sind, wie es ein unbekannter Indianer im Popol Vuh, der Nationalgeschichte der Quiché, berichtet:

Von *Tulan Suva* ist nur der Brauch gekommen, des Essens sich zu enthalten; immerzu taten sie fasten, warteten auf das Hellwerden, spähten nach dem Sonnenaufgang. Sie wechselten sich ab, Ausschau nach dem großen Stern zu halten mit dem Namen ‚Der die Sonne überholt'; er steht dem Antlitz der Sonne am nächsten, wenn der Tag geboren werden soll, der prächtige Vorläufer der Sonne. Dorthin waren also immer ihre Blicke gerichtet, gen Sonnenaufgang, als sie noch in *Tulan Suvan* weilten, wie der

Ort heißt, von dem ihre Götterbilder kamen. ... „Dies hier ist nicht unser Zuhause, laßt uns vielmehr aufbrechen zu sehen, wo wir uns niederlassen können!" sagte nun *Tohil*. ... Sie brachen also auf. Etliche aber ließen sie am Wege zurück, ja es gab Leute, die hier zurückbleiben wollten und schliefen. Jeder einzelne Volksstamm aber erhob sich, immer wieder nach dem Stern Ausschau zu halten, der die Sonne ankündigt. ... Sie langten nun auf der Höhe eines Berges an. Hier kamen alle Quiché-Leute mit ihren Stämmen zusammen, hier versammelten sie sich alle und trafen Vereinbarungen miteinander. Danach wird der Berg heute genannt: ‚Zur Vereinbarung' ist der Name des Berges. ... Gemeinsam sprachen nun *Tohil, Awilix* und *Hakawits* zu *Balamkitse, Balamaqab, Mahukutah* und *Ik'ibalam*: „Laßt uns bloß aufbrechen, stehen wir doch bloß auf! Hier ist nicht unseres Bleibens: Bringt uns an einen versteckten Ort! Schon naht das Frühlicht! Wäre es nicht beklagenswert für Euch, wenn wir von Kriegsleuten gefangengenommen würden." ... Hier nun auf dem Berge vermehrten sie sich, und hier entstand ihre Stadt, hier also weilten sie, als nun wirklich Sonne, Mond und Sterne erschienen waren, als es Tag geworden und erleuchtet worden war das Antlitz der Erde und die ganze Welt.

Es ist jedoch ebenso möglich, daß einige Gruppen den direkten Weg über Chiapas, also durch die Hochländer oder gar entlang der pazifischen Küste genommen haben, Routen, die schon Jahrhunderte früher, während der teotihuakanischen Vorherrschaft, von mexikanischen Einwanderern und Händlern benutzt worden waren. Die schriftlichen Berichte sind nicht spezifisch genug, um eine genaue Rekonstruktion der Stationen während der frühen Etappen der Wanderung zu ermöglichen, wiewohl französische Archäologen, die dort seit über zehn Jahren arbeiten, einige der in Quellen genannten Orte als Wüstungen oder natürliche Formationen identifiziert haben.

Die spätesten dieser Einwanderer ins Hochland können wir historisch in indianischen Überlieferungen fassen, die bald nach Ankunft der Spanier im 16. Jahrhundert aufgeschrieben wurden. Hiernach stießen verschiedene Stämme, darunter die Quiché, kurz nach 1200 unter ihrem Führer *Balamkitse* in die Gegend von Rabinal vor. Dort gewannen sie die entscheidende Schlacht am Berg Hakawits, wodurch sich ihnen das Hochland öffnete. Das Popol Vuh berichtet hierzu:

Balamkitse nun, *Balamaqab, Mahukutah* und *Ik'ibalam,* die weilten auf der Höhe des Berges, Hakawits heißt der Berg. Dort weilten sie und hatten

> auf dem Berge ihre Söhne in Sicherheit gebracht. Aber es waren ihrer nicht viele, ihre Menge war nicht so groß wie die Menge der Stämme; und nur klein war die Höhe des Berges, die sie verschanzt hatten: Das war ja der Grund, warum die Stämme sie zu töten beschlossen hatten, als sie sich insgesamt vereinigten, Ratsversammlung hielten und alle sich herbeiriefen. ... Alsbald erhoben sich sämtliche Krieger; in der Nacht den Überfall zu machen, planten sie im Stillen, als sie losgingen. Aber dazu kamen sie nicht; sondern auf dem Weg verbrachten alle Krieger die Nacht, und da nun wurden sie von *Balamkitse, Balamaqab* und *Mahukutah* übertölpelt.

Die dadurch eingeleitete Überlagerung der altansässigen Maya-Bevölkerung führte zu fünf militärisch streng organisierten Fürstentümern mit den Merkmalen von Klassengesellschaften. Die Hauptstadt der Quiché war Q'umarkah, die der Mam Zakuleu, die der Cakchiquel Iximche', die der Tzutuhil Tsikinahay und die der Pokom Mixco Viejo.

Jedes Fürstentum wurde politisch von mehreren Großsippen geleitet; und diese Großsippen stammten ihrerseits von den Kriegsanführern der Einwanderungszeit ab. Die Repräsentanten der führenden Sippen wohnten in großen Sippenhäusern um Plätze herum. Dort befanden sich auch die Schreine ihrer Stammesgötter: *Tohil, Awilix, K'uk'umats* und *Tepeuh*. Erstaunlich schnell paßten sich die Eroberer sprachlich und teilweise auch kulturell der alteingesessenen Bevölkerung an, so daß wir die nachklassische Mischbevölkerung als Quiché-Maya bezeichnen. Diese Fürstentümer lagen in ständigen Kriegen miteinander, wobei die Quiché sich vor allem auf Kosten der Mam und Cakchiquel langsam zur führenden Macht emporkämpften und ihr Territorium vergrößerten.

2. Interne Ursachen des Niedergangs

Zur Zeit, als die Städte des Usumacinta erobert werden und im Hochland von Guatemala kriegerische Fürstentümer toltekischer Abstammung entstehen, oder sogar schon etwas früher, endet im ferneren Osten ebenso abrupt die Herrschaft der Dynastien von Copán und Quiriguá. Dort können wir aber beim besten Willen nicht vom Eindringen fremder, mexikanischer Krieger ausgehen. Es muß also noch weitere Ursachen für den konzertierten Verfall der klassischen Maya gegeben haben. Denn wenn die einwandernden Mexikaner in relativ kleinen Gruppen kamen und sich an wenigen strategisch wichtigen Orten niederließen, wie zum Beispiel in Chich'en Itsa oder auf dem Berg Hakawits, können ihnen direkt solche umfassenden Wirkungen kaum zugeschrieben werden.

Schließlich paßt auch der dramatische Rückgang der Bevölkerung im ganzen Tiefland nicht ins Bild kleiner Gruppen eindringender Krieger. Hier fügt sich die These von Martin und Grube über internen Krieg ins Bild, wenn man aus ihr folgert, daß zunächst eskalierende interne Kleinkriege das Maya-Gebiet schwächten und damit die Einfälle von außen ermöglichten. Eine Folge davon war der Zusammenbruch internationaler Handelsnetze. Auf internationalen Handel war die Herrscherschicht im Tiefland aber angewiesen, die viele Rohstoffe (Obsidian, Quetzalfedern, Jade, Pyrit) für ihre Lebensgestaltung im eigenen Territorium nicht besaß. Sie konnte sich aber in ihren dicht besiedelten Ländern durch Ausbeutung der Produktivkraft ihrer Bauern und Handwerker und durch den Handel mit eigenen Erzeugnissen (z. B. Baumwolltuche, Honig, Salinensalz, Keramik, Schneckengehäuse) die Mittel beschaffen, um durch Fernhandel an die gewünschten Güter zu kommen. Wenn nun kriegerische Ereignisse, zunächst im Innern und dann auch an den Grenzen, den Fernhandel erschwerten und schließlich weitgehend zum Erliegen brachten, hat die Verteuerung der Einfuhren, verbunden mit drückendem Kriegsdienst, vielleicht zu erhöhter Ausbeutung der Arbeitskräfte, zu Unzufriedenheit und in direkter Folge schließlich zu Arbeitsverweigerung oder gar zu Aufständen geführt. Solche Revolten, der Kleinkrieg mit Nachbarn und die kriegerischen Einfälle von Fremden mögen dazu geführt haben, daß die Gesellschaft zerbrach und der Adel aufgerieben wurde.

Auf alle Fälle muß man den Prozeß des Niedergangs der klassischen Epoche als ein dynamisches und komplexes Netzwerk von Beziehungen verschiedener Elemente und Entwicklungen sehen und dabei beachten, daß die maßgeblichen Faktoren nicht überall direkte Wirkung entfalteten, ihre Vernetzung und die rückgekoppelten Beziehungen jedoch überall zur Verstärkung von zerstörerischen Tendenzen führten, so daß schädliche Wirkungen, die alleine betrachtet und unter anderen Begleitumständen von der Gesellschaft ohne großen Schaden überstanden worden wären, fatale Ausmaße erreichten.

3. Neue politische Strukturen in Yukatan

Um 1185 nahm die Herrschaft der Itsa von Chich'en Itsa unter *Chak-Xib-Chak* ein jähes Ende. *Hunak-Ke'el,* ein tatkräftiger Emporkömmling, der es schon zum Herrscher von Mayapan gebracht hatte, wollte seinen Machtbereich erweitern. Er verführte den Fürsten von Chich'en Itsa durch Zauber dazu, die Braut des Herren von Isamal zu entführen. Daraufhin bekriegten sich die beiden Städte, und *Hunak-Ke'el* zwang durch Eingreifen im rechten Moment und durch mexikanische Söldner verstärkt beide unter seine Gewalt. Die Itsa verließen daraufhin Chich'en Itsa, und ein Teil entzog sich dem Zugriff des Siegers durch Auswanderung nach Süden an den Ort Tan Xuluk Mul, der an einem der Seen von Yaxhá oder Tayasal (der kolonialzeitliche Name bedeutet nichts anderes als ‚bei den Itsa') lag. Am letztgenannten See wurden sie dann 500 Jahre später von den Spaniern angetroffen (s. Kapitel VI).

Hunak-Ke'el oder seine Nachfolger, die den Familiennamen *Kokom* führten, errichteten in Mayapan ein zentralisiertes Regime. Alle Regionalfürsten hatten ständig dort am Hof zu weilen. Dadurch wurde den *Kokom* die politische Kontrolle ihrer Vasallen erleichtert, und für den Fall, daß dennoch eine Provinz aufbegehrte, hatte man in Mayapan ihren Herrscher als Geisel in der Hand. Durch wiederholtes Herbeirufen mexikanischer Söldner festigten sie bei Bedarf ihre Herrschaft, brachten aber dadurch auch die eingesessene Maya-Bevölkerung gegen sich auf.

Mit dem politischen Umbau eng verknüpft war ein Wechsel im Siedlungsgefüge, der zumindest einige bedeutende Städte betraf. Mayapan war eine dicht bebaute und nach sozialen Schichten gegliederte Stadt von 425 Hektar Grundfläche. In-

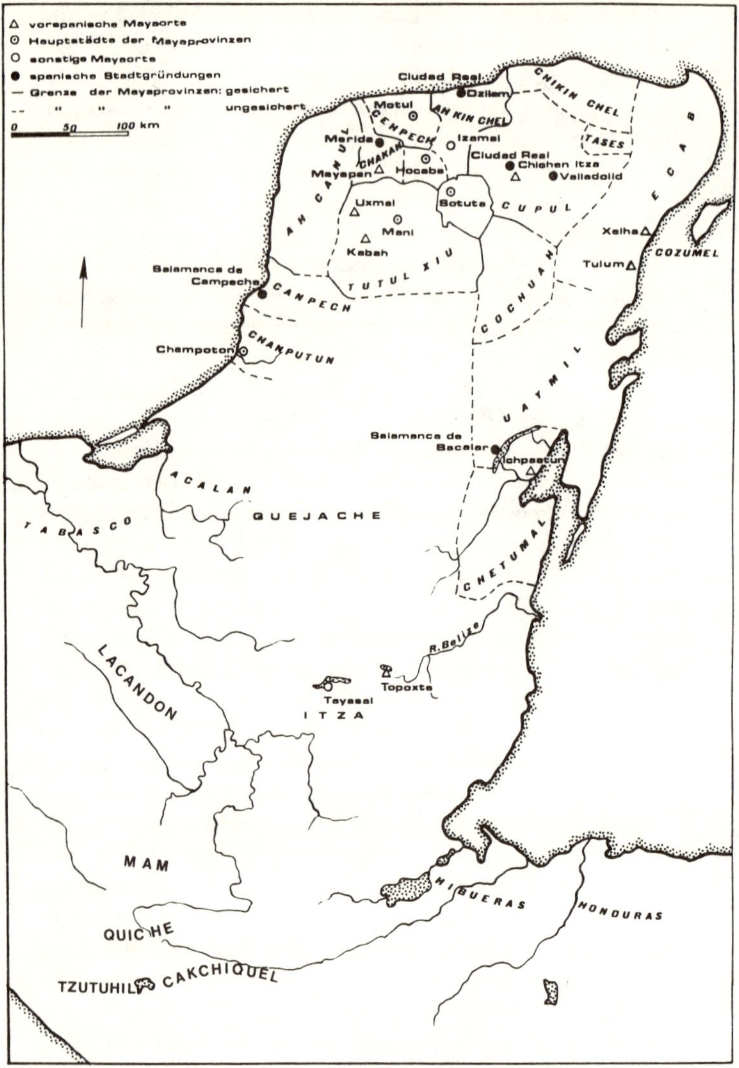

Karte 4: Das Maya-Gebiet im Nachklassikum.
(Entwurf und Ausführung: B. Riese)

nerhalb dieses von einer Stadtmauer umfriedeten Areals beherbergte sie schätzungsweise 12 000 Menschen. Im Zentrum der Stadt stand der im Vergleich zum Haupttempel in Chich'en Itsa bescheidene, aber jenem wohl nachempfundene *K'uk'ulkan*-Tempel. Um ihn herum lagen die Häuser der Fürsten und Priester, und zur Stadtmauer hin drängten sich die kleineren und einfacheren Häuser der Gemeinfreien. Soweit aus den Bauresten geschlossen werden kann, ging die Bedeutung der öffentlichen religiösen Kulte stark zurück. Als direkte Folge davon ist der rasche Niedergang in Künsten wie Architektur und Bildhauerei und wahrscheinlich auch in anderen Bereichen anzusehen, denn diese existierten nicht losgelöst vom religiös motivierten Herrscher- und Götterkult. Doch müssen wir vorsichtig sein mit wertenden Schlußfolgerungen. Der Niedergang in manchen Bereichen wurde vermutlich durch technische Verbesserungen auf anderen Gebieten und durch Erleichterungen gesellschaftlicher Art kompensiert. Es kann also durchaus sein, daß in der Bilanz die Bevölkerung den Verlust der Kulturleistungen gar nicht als Minderung der Lebensqualität empfand.

Nach 250jähriger Knechtschaft fand sich schließlich unter der Führung von *Ah-Xupan Tutul-Xiw* aus dem Herrscherhaus von Mani eine Gruppe Unzufriedener zusammen, der es gelang, in einem entscheidenden Schlag alle greifbaren *Kokom*-Fürsten umzubringen. Nur einer entging dem Massaker, denn er hielt sich gerade in Handelgeschäften in Hibueras auf. Mayapan wurde 1461 geplündert und gebrandschatzt. Damit war das Ende des zentralistisch geführten Staates besiegelt.

Mit dem gewaltsamen Ende der Vorherrschaft der *Kokom* in Mayapan zerfiel, geopolitisch gesprochen, das ganze Gebiet des nördlichen Yukatan. Sechzehn unabhängige Kleinstaaten bildeten nun in den Augen der Zeitgenossen die politische Landschaft (s. Karte 4). Sie waren zum Teil altüberlieferte Herrschafts- und Einflußbereiche der dort ansässigen Fürsten, zum Teil aber auch Neuschöpfungen der jüngsten Vergangenheit. So wird berichtet, daß die große Provinz Ah Kanul im Zusammenhang mit dem Fall von Mayapan einer Schutztruppe der besiegten Kokom zugewiesen und dann von ihnen zur allgemeinen Zufriedenheit verwaltet wurde. Der Vorgang spielte sich etwa folgendermaßen ab: Jeder der neun Führer der Schutztruppe bekam ein *Batab*-Amt (Bürgermeisteramt) zugewiesen. Die übrigen *Batab*-Ämter der Provinz blieben in der Hand der Alteingesessenen, wie auch sicherlich die meisten untergeordneten Posten. Ähnlich war die Provinz Ah K'in Ch'el entstanden. Hinter solchen Änderungen der politischen Landkarte standen also keine Vertreibungen, Umsiedlungen oder andere Zwangsmaßnahmen großen Stils, wie wir es aus der jüngsten europäischen Geschichte und Gegenwart vielleicht vor Augen haben. Als Vergleich bietet sich wohl eher Oberitalien im Spätmittelalter und der Renaissance an oder die Kleinstaaterei in Mitteleuropa zur Zeit des Absolutismus.

Die Beziehungen der Kleinstaaten untereinander waren alles andere als friedlich. Da gab es traditionelle Erbfeindschaften, die aus der Zeit von Mayapan herrührten. Sie teilten die Staaten in zwei Lager: im Westen die Anhänger der Tutul Xiw, zu denen die Ah Kanul, Kehpech, Hokaba und Ah K'in Ch'el zählten; und im Osten deren erbitterte Feinde, die Kokom von Sotuta. Ihnen gesellten sich die Kupul und Kochwah zu. Chik'in Ch'el im Norden und die Randprovinzen scheinen sich beiden Fraktionen erfolgreich entzogen zu haben. Oft gab es Streit zwischen zwei Nachbarn um die Grenzen, infolgedessen es gelegentlich zu Kriegen kam. Außer diesen Gründen war ein immer wiederkehrender Kriegsanlaß der Wunsch nach Gefangenen, von denen man die Gemeinen als Arbeitssklaven verwendete oder weiterverkaufte, Kindern und Adligen aber das Privileg zukommen ließ, bei religiösen Feiern als Menschenopfer zu dienen. Dies war eine traditionelle Sitte, die womöglich Hauptantrieb für die vielen Kriege der Kleinstaaten im südlichen Tiefland während der klassischen Epoche gewesen war. Die im Norden ans Meer grenzenden Kleinstaaten waren zusätzlich gezwungen, ihre reichen Salzgewinnungsstätten gegen habgierige Habenichtse aus dem Inland zu verteidigen und die Küstenschiffahrt zu überwachen.

Die innenpolitische Struktur der Kleinstaaten läßt sich in

drei Typen beschreiben. Einmal gab es Staaten, die ein *Halach Winik* (‚wahrer Mensch') genannter Fürst von der Hauptstadt (*kah*) aus regierte. Sein Amt war in männlicher Linie erblich, und er war gleichzeitig *Batab*, d.h. Bürgermeister, seiner Hauptstadt. Alle anderen *Batab* seiner Provinz waren ihm untergeben, und jeder Ort mußte dem *Halach Winik* Naturalabgaben liefern. Je nach Produktionsmöglichkeiten der Gegend waren es Truthühner, Honig, Baumwolldecken, Schmuck, Salz und anderes. Übereinstimmend wird in den Quellen immer betont, daß die Abgaben mäßig waren und für die Bevölkerung keine besondere Belastung darstellten. Außenpolitik und Kriege waren die Hauptbeschäftigung des Herrschers. Zu diesem Zweck konnte er jederzeit die wehrfähigen Männer zu den Waffen rufen. Wer dem Einberufungsbefehl nicht folgte, mußte als Ersatz Abgaben leisten und wurde bei erfolgreichem Ausgang des Feldzugs nicht an der Beute beteiligt. Gut die Hälfte der Provinzen wies diese Struktur auf, unter ihnen die von den Nachfolgern der einst in Mayapan herrschenden Familien regierten Staaten von Sotuta, wo die Kokom den *Halach Winik* stellten, und Mani, wo die Tutul Xiw dieses Amt bekleideten.

Ein zweiter Typus der politischen Verfassung und vielleicht eine unstabile Übergangsform hin zur eben geschilderten besteht darin, daß zwar kein *Halach Winik* über die gesamte Provinz herrschte, daß aber die Mitglieder einer einzigen Adelsfamilie die meisten *Batab*-Posten innehatten. Das Verwandtschaftssystem sorgte dann dafür, daß Konflikte friedlich beigelegt wurden und man äußeren Feinden geschlossen entgegentrat. Auf diese Weise war die Provinz Ah Kanul organisiert. In ihr hatte sich keiner der ursprünglichen neun mexikanischen Führer zum *Halach Winik* aufgeschwungen; die Provinz war im Laufe der Zeit unter den dominierenden Einfluß der nichtmexikanischen, d.h. also wohl der alteingesessenen *Kanul*-Familie geraten.

Die politische Verfassung des dritten Typs entbehrte jeglicher gemeinsamen Führung und Koordination. Hier handelte jeder *Batab* auf eigene Rechnung. Infolgedessen kam es auch innerhalb einer Provinz gelegentlich zu Überfällen von einer Stadt auf eine andere, und nicht immer gelang es, äußeren Feinden geschlossenen Widerstand zu leisten. Daß diese unstrukturierten Gebilde dennoch als Einheit betrachtet wurden, mag im Fall der Provinz Chik'in Ch'el auf das negative Abgrenzungskriterium zurückzuführen sein, daß nämlich die Orte dieser Provinz der Eingliederung in die straffer organisierten Nachbarstaaten entgangen waren.

Die Siedlungsstruktur dürfte sich seit dem Fall von Mayapan in einem wesentlichen Punkt geändert haben. Große Städte mit einer auf engem Raum konzentrierten Bevölkerung und Stadtmauern zur Verteidigung gab es nicht mehr. Auch hatten nur noch einige Zeremonialzentren ihre überregionale Funktion beibehalten, darunter Isamal, Mani, Chich'en Itsa und die vier Schreine auf der Insel Kusamil. An diesen im ganzen Land gleichermaßen verehrten Kultstätten versammelten sich zwar gelegentlich große Scharen von Pilgern und Priestern, doch wies keiner der Orte eine bedeutende permanente Bevölkerung auf, und auch in ihrer Anlage waren sie keine Städte, wie es Mayapan, Chich'en Itsa und Tulum früher gewesen waren. In jeder Provinz gab es mehrere Orte, die jedoch selten mehr als ein paar tausend Einwohner beherbergt haben dürften. Ein solcher Ort war Verwaltungs-, Markt- und Kulturzentrum für die umliegenden verstreuten Gehöfte und Siedlungen. Diese Dezentralisierung spiegelt sicherlich den Verfall zentraler Macht und den Niedergang der mit zentralen Herrschaftsorten verbundenen Elite-Kultur wider. Verstärkend in Richtung Dezentralisierung wirkte die zentripetale Kraft der *Milpa*-Wirtschaft, immerhin die Hauptbetätigung der Bevölkerungsmehrheit.

Jedes Regionalzentrum war in vier endogame Ortsteile gegliedert, deren jeder aus mehreren exogamen Patrilinien bestand. Für den einzelnen bedeutete das, daß er mit der Geburt zur Gruppe der mit seinem Vater direkt blutsverwandten Bewohner (der Patrilinie) gezählt wurde. Wenn er das heiratsfähige Alter erreichte, mußte er einen Ehepartner ebenfalls aus dem Kreise seines Ortsviertels suchen (Endogamie-Gebot), jedoch mit der Vorschrift, daß dieser einer anderen Patrilinie angehörte (Exogamie-Gebot). Diese Regeln galten gleichermaßen für Frauen und Männer. Die vornehmste Patrilinie eines jeden Viertels bestellte einen *Ah Kuch Kab*, d.h. ‚einen, der die Bürde des Landes auf sich nimmt', also eine Art Ortsvorsteher. Die vier Ortsvorsteher bildeten zusammen den Stadtrat, in dessen Führung sie sich turnusgemäß jedes Jahr abwechselten. Der Ratsvorsitzende führte den Titel *Hol Pop*, was etwa ‚Kopf der Ratsversammlung' bedeutet. Versammlungen fanden in dem dafür gebauten Rathaus, dem *Popol Na* statt. Ämterwechsel fand immer an Maya-Neujahr statt (nach unserem Kalender im Juli) und waren, wie die anderen Amtshandlungen auch, im höchsten Grade zeremonialisiert und eng mit religiösen Festen verbunden. Daß der gerade amtierende *Hol Pop* während seiner Amtszeit ein Gutteil seines Vermögens in die Ausrichtung der Feste und Zeremonien investierte und auf diese Weise umverteilte, können wir in Analogie zu heutigen Maya-Gemeinden annehmen. *Hol Pop* und die anderen *Ah Kuch Kab* waren direkt den Weisungen des jeweiligen Batab unterstellt.

Das *Batab*-Amt selbst war in männlicher Linie erblich und dem Adel vorbehalten. Da wir schon in den klassischen Hieroglyphentexten in Verbindung mit den Namen regierender Fürsten von Stadtstaaten einen Titel *Bate'* finden und dieses Wort bedeutungsverwandt mit dem yukatekischen *Batab* ist, scheint das *Batab*-Amt die Fortsetzung einer alten Tradition zu sein, was sicher auch für andere Ämter und Institutionen gilt. Wie wir sahen, war es in Provinzen, die von einem *Halach Winik* regiert wurden, oft mit einem Mitglied seiner Familie besetzt. Gelegentliche Neubesetzungen der *Batab*-Stellen und die Bestätigung neu antretender *Batab* waren für den *Halach Winik* sicherlich Mittel, seine Politik auf lokaler Ebene durchzusetzen; allerdings ist das exakte Funktionieren dieses Mechanismus nicht bekannt. Dem *Batab* unterstanden als Vollzugsbeamte mehrere *Ah K'ulel*. Außer Verwaltungschef und oberster Richter war der *Batab* auch Militärführer, was in der erwähnten klassischen Hieroglyphe seinen Ausdruck findet, in der ein Mann mit einer geschulterten (Kriegs)axt abgebildet ist. Als

Militärführer wurde der *Batab* von gewählten Hauptleuten, den *Nakom*, unterstützt. Vermutlich muß man sich das organisatorisch folgendermaßen vorstellen: Dem *Batab* unterstand das Militärwesen global und dauerhaft und in Friedenszeiten ausschließlich und nur befristet, vielleicht vornehmlich im Falle eines drohenden oder geplanten Krieges wurden *Nakom* gewählt und als Hauptleute einzelnen Heeresabteilungen vorangestellt. Die Einkünfte des *Batab* bestanden darin, daß die Gemeinde Ländereien für ihn bewirtschaftete, die ihm einen hinlänglichen Lebensunterhalt sicherten. Alle anderen erwähnten Ämter waren vermutlich unbezahlte Ehrenämter.

Die geschilderten Ämter und ihre Besetzung deuten bereits an, daß die Maya eine in Schichten gegliederte Gesellschaft bildeten: Zuoberst ist der Adel, *Almehen* geheißen. Zu ihm zählte man durch Geburt, und ihm sind alle wichtigen politischen und religiösen Ämter vorbehalten. Auch die einträglichsten Wirtschaftszweige wie Fernhandel, Kakao-Plantagen und die Nutzung von Salinen dürften hauptsächlich in seinen Händen geruht haben. Für seine Mitglieder gilt die Stadtviertelendogamie nicht; vielmehr sind die herrschenden Adelsfamilien darauf bedacht, durch zielstrebige Heiratspolitik ihren Einfluß in der eigenen Provinz und bei den Nachbarn verwandtschaftlich abzusichern und auszuweiten. Auch diese Heiratspolitik des Adels ist bereits in klassischer Zeit angelegt gewesen (wir hatten Beispiele in Kapitel IV kennengelernt). Unter dem Adel stehen die Gemeinfreien, *Masehualo'ob*, was übrigens ein Lehnwort ist, das die Maya von den Mexikanern übernommen haben und mit dem sie sich noch heute bezeichnen. Die Gemeinfreien stellen den Hauptteil der Bevölkerung, und diese Schicht zeigte ihrerseits Anzeichen interner Schichtung. So wurden reiche Kaufleute als *Ayik'al* hervorgehoben. Zuunterst rangieren die Sklaven, *P'entak*. Sklave war man von Geburt an, oder man wurde dazu durch Heirat eines Sklaven. Auch bestimmte Eigentumsdelikte endeten für den ertappten Verbrecher mit der Versklavung. Solche Sklaven bearbeiteten vor allem die pflegeintensiven Kakao-Plantagen des Adels und der *ayik'al*.

VI. Die selbstbestimmte Geschichte nimmt ein Ende

1. Spanier erobern das Land

1511 landeten die ersten Spanier in Yukatan. Es waren 13 armselige Schiffbrüchige der Expedition des Juan de Valdivia, die das rettende Ufer erreichten und dann auf Gnade oder Ungnade den Indianern ausgeliefert waren. Dann landeten erst wieder nach 1517 von Kuba kommende Expeditionen planmäßig und ohne Schiffbruch zu erleiden auf Kusamil und an der Küste von Yukatan; zunächst Francisco Hernández de Córdoba, dann Juan de Grijalva und 1519 schließlich Hernán Cortés auf seinem Weg nach Mexiko. Cortés kümmerte sich um die seit Jahren in Yukatan festsitzenden schiffbrüchigen Spanier, von denen offenbar noch zwei lebten. Einen von ihnen, Jerónimo de Aguilar, nahm er auf, während der andere, Gonzalo Guerrero, sich weigerte, zu seinen Landsleuten zurückzukehren und es vorzog, bei den Maya zu bleiben und ihnen in ihrem Abwehrkampf gegen die Spanier beizustehen. 1536 ist er im Kampf gefallen. Aguilar hingegen leistete Cortés in der Folge wertvolle Dienste als Dolmetscher.

Diese Expedition hielt sich, wie alle anderen vor ihr, nur kurz in Yukatan auf und drang nicht ins Landesinnere vor, da Cortés andere Ziele als die Erkundung und Eroberung dieser Gegenden verfolgte. Er zog weiter nach Veracruz und konzentrierte sich dort auf die Eroberung des zentralmexikanischen Azteken-Reiches. Erst als ihm das 1521 gelungen war, wandten er und einige seiner Mitkämpfer sich den südlich und südöstlich siedelnden Völkern zu.

1527 stellte ein Veteran aus Cortés' Truppe, Francisco de Montejo, mit weitgehenden königlichen Privilegien und dem Titel „Adelantado" ausgestattet, in Sevilla eine gut ausgerüstete Armada von vier Schiffen und 400 Mann Besatzung auf, mit dem Ziel, Yukatan zu erobern. Noch im gleichen Jahr landete er auf der inzwischen gut bekannten Insel Kusamil. Von dort setzte er dann auf das gegenüberliegende Festland über.

Seine Erkundungen des Landes verliefen anfangs friedlich. In

Ekab genoß er sogar die tätige Unterstützung der Indianer. Doch schließlich mußte sich Montejos Truppe zweimal gegen die inzwischen nicht mehr so freundlich gesinnten Indianer energisch zur Wehr setzen. Mehr Schwierigkeiten als die offene Feindschaft der Indianer machten ihm zunehmende Krankheit unter den Soldaten und die Ernährung. Da die Spanier mit den Erzeugnissen des Landes noch nicht vertraut waren, mußten sie sich von Indianern der Nachbarschaft versorgen lassen. Weigerten sich diese, Lebensmittel bereitzustellen, was nach längeren Aufenthalten regelmäßig geschah, plünderten die Spanier Dörfer und Felder. Dabei stießen sie häufig auf den Widerstand der Bewohner. In anderen Gegenden, zum Beispiel in Florida, hat dieses Versorgungsproblem und die daraus sich entwickelnde Feindschaft zu den Einheimischen spanische Siedlungsversuche völlig zunichte gemacht. In Yukatan hielten die Spanier zunächst jedoch aus. Montejo überließ nach sechsmonatigem Aufenthalt die weitere Erkundung und Eroberung der Ostküste seinem Untergebenen Alonso Dávila, auch er ein Veteran von der Eroberung des Azteken-Reiches. Dávila stieß vor allem in Waymil und Chaktemal auf entschiedene Gegenwehr und konnte sich schließlich nicht mehr halten. In einer verzweifelten Seefahrt an der Küste Yukatans entlang nach Süden retteten er und die wenigen überlebenden Spanier sich nach Honduras.

Unterdessen versuchte ein Sohn des Adelantado, auch er hieß Francisco de Montejo, von Westen her in Yukatan einzudringen. Die Provinzen Chanputun und Kanpech zeigten sich anfangs zu friedlicher Unterwerfung bereit, beteiligten sich aber schließlich doch an einem allgemeinen Angriff auf die spanische Gründung Salamanca de Campeche. Die gewarnten Spanier konnten sich rechtzeitig verschanzen, die indianische Übermacht erfolgreich abwehren und im Nachstoß wieder Ruhe an der Westküste schaffen.

Dieser Erfolg und die freundliche Haltung der Provinzen Ah K'in Ch'el und Mani ließen den Plan aufkommen, im dichtbesiedelten Landesinneren eine Stadt zu gründen, von der aus ganz Yukatan kontrolliert und ausgebeutet werden sollte. Der

Sohn des Adelantado zog daher 1532 ins Innere und wurde von dem in der Nähe Chich'en Itsas ansässigen *Batab* freundlich empfangen. Die Lage der damals schon verlassenen Stadt erschien den Spaniern günstig. Deshalb gründeten sie dort ihre Stadt Ciudad Real. Baumaterial beschafften sie sich aus den Maya-Ruinen, und ihre wirtschaftliche Versorgung sicherten sie sich dadurch, daß sie die umliegenden Indianerdörfer in Encomienden einteilten und von ihnen Tribut verlangten. Auch hier war der Friede nicht von Dauer. Schon im folgenden Jahr griffen die umwohnenden Indianer, von anderen Provinzen unterstützt, Ciudad Real an und zogen einen Belagerungsring um die Stadt. Da es den 200 Spaniern in der eingeschlossenen Stadt nicht gelang, die Belagerer zu vertreiben, und weil ihre Nahrungsmittel zur Neige gingen, gaben sie eines Nachts ihre Stellung auf und entwichen im Schutz der Dunkelheit durch die Linien der Feinde. Eine ganz ähnliche Taktik hatte bereits Cortés bei seinem Versuch, Mexiko zu erobern, erfolgreich versucht. In Eilmärschen erreichten die Spanier fast unbehelligt die verbündete Provinz Ah K'in Ch'el. Kurz vor Erreichen der Küste traf aus Campeche Verstärkung ein, so daß beschlossen wurde, Ciudad Real in dem Küstenort Ts'ilam neu zu gründen.

Inzwischen waren aber die Nachrichten von der Landung Francisco Pizarros an der Pazifikküste Südamerikas und seiner Eroberung Perus sowie vor allem die Kunde von den dort erbeuteten ungeheueren Schätzen an Edelmetall nach Yukatan gedrungen. Viele Soldaten entschlossen sich daraufhin zu desertieren. Trotz Strafandrohung verdrückten sich so viele Spanier aus dem in Ts'ilam neugegründeten Ciudad Real, daß die Stadt aufgegeben werden mußte und sich die Verbliebenen nach Campeche absetzten. Doch auch Campeche blieb vom Peru-Fieber nicht verschont; und 1534 wurde auch diese letzte Stadt der Spanier in Yukatan auf Beschluß ihres Stadtrates geräumt. Die übriggebliebenen Bewohner zogen sich nach Santa María de la Victoria am Río Grijalva in Tabasco zurück.

Erst im Jahre 1540 wurde von den kurz zuvor wieder errichteten Stützpunkten Champotón und Campeche aus die Eroberung Yukatans erneut begonnen. Nach den bitteren Erfahrungen der über zehnjährigen erfolglosen Bemühungen gingen der Adelantado, sein Sohn und die anderen Konquistadoren nunmehr planvoller, vorsichtiger und besser vorbereitet zu Werk. Die Westküstenprovinzen und das angrenzende Fürstentum Mani wurden mit diplomatischen Mitteln und fast ohne Kampf gewonnen. Mani stellte für die Eroberung des Inlandes sogar eine ansehnliche Hilfstruppe zur Verfügung. Die Fürsten von Mani hofften wohl insgeheim, auf diese Weise Rache an den Kokom nehmen zu können. Jene hatten nämlich wenige Jahre zuvor, als die Spanier sich aus Yukatan zurückgezogen hatten, auf einem Bankett fast die ganze Nobilität aus dem Herrscherhause der Tutul Xiw, das in Mani regierte, umgebracht.

Nach vorgefaßtem Plan sollten nun von Westen nach Osten eine Provinz nach der anderen erobert und drei spanische Städte in ihnen gegründet werden. 1542 konnte die erste Stufe des Plans durch die Gründung von Mérida am Ort der Maya-Stadt Tiho abgeschlossen werden. Nach blutiger Unterwerfung von Sotuta, Kochwah und Kupul folgte 1544 die Gründung von Valladolid im Herzen der Provinz Kupul. Die nördlich und östlich benachbarten Provinzen Ekab und Kusamil erkannten daraufhin freiwillig die spanische Oberhoheit an. Dagegen wurde gegen die sich erbittert verteidigenden südlich gelegenen Staaten Waymil und Chaktemal ein grausamer Vernichtungsfeldzug geführt, dessen siegreicher Abschluß durch die Gründung von Salamanca de Bacalar besiegelt wurde. Damit war Yukatan erobert und fest in spanischer Hand.

Nachdem die Eroberung Yukatans abgeschlossen und Land und Leute der eroberten Länder einigermaßen bekannt waren, wurde die provisorische Zugehörigkeit zu den übergeordneten Verwaltungs- und Rechtsbehören weltlichen und kirchlichen Charakters, der Audiencia und dem Bistum, überprüft und definitiv festgelegt. Es ging dabei um die Frage, ob Yukatan von Mexiko oder Guatemala aus zu verwalten sei, die beide schon eine funktionsfähige spanische Verwaltung besaßen. Nach einigem Hin und Her setzte sich Mexiko als Zentrale durch. Auch ging man daran, die kleineren territorialen Verwaltungseinheiten gegeneinander abzugrenzen. Schließlich versuchte die oberste spanische Behörde für die Kolonien, der Indienrat in Sevilla, durch Inspektionen, Zensuserhebungen und die Anforderung von Berichten Informationen zu bekommen, um dann Verordnungen zu erlassen, die die gröbsten während und infolge der Eroberung entstandenen Mißstände abstellen und ungesetzliche oder für die Krone unwillkommene Machtanhäufung wieder abbauen sollten. Die Sorge um eine ordentliche Verwaltung in den amerikanischen Besitzungen war nämlich ein wahrhaftiges Anliegen des spanischen Königs, auch wenn dem nicht immer Erfolg beschieden war. Diese Konsolidierungsmaßnahmen waren in Yukatan bis zum Jahre 1550 im wesentlichen abgeschlossen. Die Konquistadoren-Familie der Montejos war entmachtet und zum Teil enteignet worden, und an ihrer Stelle verwalteten königliche Beamte mit dem Titel „Alcalde Mayor“ oder „Gobernador“ die Provinz.

Die Bettelmönche der Franziskaner hatten als einziger Missionsorden in Yukatan eine regulare Ordensprovinz errichtet und sich bis 1563 dort in acht Klöstern organisiert: Izamal, Mérida, Valladolid, Campeche, Maní, Conkal, Homún und Calkiní; nicht bedenkend, daß für deren ordentliche Bemannung zu wenige Mönche aus Spanien kamen. So blieb die missionarische Betreuung zunächst dünn und sporadisch. Dennoch wurden Ordenskapitel abgehalten und ein Provinzial der Franziskaner gewählt. Als solcher hat sich Diego de Landa in der Ausrottung „heidnischer“ Gebräuche hervorgetan und seine diesbezüglichen Kompetenzen so großzügig ausgelegt, daß ihm darob der Prozeß gemacht wurde und er sich in Spanien rechtfertigen mußte. Schließlich bekam das säkulare Bistum Yukatan, das seit der ersten Entdeckung pro forma bestand, 1562 einen ersten residierenden Bischof in der Person des Francisco Toral, der aus dem Franziskanerkloster von Tecamachalco in Zentralmexiko auf diesen Bischofsstuhl berufen wurde. Obwohl damals und auch später die Bischöfe oft ehemalige Franziskanermönche waren, lagen sie stets im Streit mit dem Orden über die Kompetenz für Mission und christliche Versorgung der Indianer.

Die Versklavung von Indianern, die schon von den Montejos

nur ungern geduldet wurde, wurde aufgrund der Leyes Nuevas – sie galten für die gesamten spanischen Kolonien in Amerika, nachdem sie 1542 erlassen worden waren – weiter eingeschränkt. Auch das Encomienda-System, das die indirekte Ausbeutung der indianischen Landbevölkerung durch einzelne Spanier (die „Encomenderos“) flächendeckend organisierte, unterlag nun schärferer Kontrolle. So stabilisierte sich die politische und wirtschaftliche Lage Yukatans rasch, und es wurden Institutionen geschaffen, die die ganze Kolonialzeit über wirksam blieben.

2. Maya-Traditionen im Untergrund

Erstaunlich ist im Rückblick auf die spanische Landnahme und ihre Durchdringung des amerikanischen Kontinents, mit wie geringen menschlichen Ressourcen die Kolonialherren erfolgreich und dauerhaft den Indianern die neue christliche Lebensart aufzwingen und sie von ihren alten Sitten und Gebräuchen abbringen konnten. Dennoch gab es überall, zumal im ländlichen Milieu und fernab der Verwaltungszentren, Gruppen von Indianern und einzelne Individuen, die nicht völlig ihren Traditionen entsagen wollten. So war es auch in Yukatan. Hier ist es vor allem der Komplex aus Wahrsagerei, Krankenheilung und landwirtschaftlichen Riten, der immer wieder Gelegenheit für die Ausübung altindianischer Bräuche bot. Das geschah selbstverständlich möglichst unter Ausschluß der Spanier, wenn auch durchaus unter Ausnutzung kultureller Neuerungen, die man von ihnen inzwischen übernommen hatte.

So war nach der Vernichtung der traditionellen indianischen Schriftlichkeit durch die Spanier – auch hier hatte sich Landa hervorgetan – bald eine eigenständige indianische Literatur in lateinischer Schrift und auf europäischem Papier entstanden. Diese handschriftlich verfaßte Untergrundliteratur heißt „Bücher des Jaguar-Priesters“, benannt nach einem Wahrsager (*Chilam*) namens *Balam* der in vorspanischer Zeit lebte und die Ankunft der Spanier vorhergesagt haben soll. Die einzelnen Bücher basieren weitgehend auf Abschriften eines Urmanuskriptes und wurden im Laufe der Kolonialzeit mit weiteren Kapiteln angereichert, so daß sie schließlich recht unterschiedlich in Inhalt und Umfang wurden. Jedes dieser Bücher trägt in der Forschung den Namen der Stadt oder des Dorfes, wo es zuletzt im Gebrauch einheimischer Maya war. So sprechen wir vom *Chilam Balam* von Chumayel oder vom *Chilam Balam* von Tusik und meinen damit nicht einen indianischen Priester, sondern ein Jaguar-Priester-Buch aus Chumayel oder Tusik. Als Beispiel eines solchen Wahrsagetextes folgt ein Auszug aus den Tagesprognosen nach dem *Chilam Balam* von Káua:

Die Vorzeichen der 20 Tage, ihre Namen im Einzelnen: Osten: *lamat*: Die Korallenviper, die Ente, der Hund sind seine Vorzeichen. Jaguarkopf (und) Hundepo. Er unterbricht andere beim Reden. Er ist ein Plappermaul. Er redet anstößig. Er ist ein Hasser. Er fügt anderen Schmerz zu. ... Norden: *chuen*: Zimmermann, Baumeister. Die Wanderameise ist sein Vorzeichen. Handwerksmeister. Sehr reich auf allen seinen Wegen, sehr gut in allem, was er tun wird, verständig auch. *eb*: Die Bergdrossel ist sein Vorzeichen. Ein Steuereintreiber, ein Geldverleiher, ein guter Reicher, freigiebig, ein guter Mensch, kein gewalttätiger Säufer, sehr gut auch. ... Westen: *hyx*: Jaguarkrieger. Blutig ist sein Maul, blutig sind seine Krallen, fleischfressend auch. Er frißt Fleisch, Mörder. ... Süden: *kawak*: Der Quetzal-Vogel ist sein Vorzeichen. Immer, wenn die Bürde des Jahres sich niederlegt, ist Krankheit sein Weg. Der *K'auil*-Kakao ist sein Baum, der echte Kakao. Wirkliche Schreiber, adliger Abstammung, Herr. ... *ik'*: Winde sind sein Vorzeichen. Sehr schelmisch ist sein Wind, Komet. Die Plumeria ist sein Baum. Ausschweifend auch, ein sehr lasterhafter Mensch, schlecht ist sein Weg. ...

Der auch uns nicht fremde Versuch, aus dem Geburtstag oder dem Tag eines wichtigen Ereignisses auf das Gelingen der daraus hervorgehenden Unternehmungen oder auf das Lebensschicksal zu schließen, steht hier strukturierend im Hintergrund und ist noch ganz in den Maya-Kalender eingefügt. In diese Wahrsagung werden außerdem die vier Himmelsrichtungen einbezogen, und meist finden auch heilige Bäume Erwähnung. Es gibt aber auch Europäisches in diesen Büchern, zum Beispiel die erbauliche Geschichte von einer klugen Königstochter namens Teodora, die alle Gelehrten ihrer Zeit übertrifft. Ihre literarische Urheimat ist Byzanz. Die Bücher des Jaguar-Priesters sind eben synkretistische Erzeugnisse.

Eine weitere wichtige Kategorie traditioneller indianischer Literatur sind Zaubersprüche. Bei ihrer Anwendung geht es dem Zauberpriester nicht primär um die Erforschung der Schicksalsbestimmung eines Menschen, wie im vorangegangenen Beispiel, sondern um die Heilung einer akuten Erkrankung, wie der Spruch für erotische Besessenheit zeigt:

Ein Mensch redet wirr, weil er Fieber hat. Er spürt in sich das Verlangen zu flüchten, weil er wahnsinnig ist. Der große 4 *Ahaw* ist der Tag, an dem dieses Leiden ausgerottet wird. Also begannen sie allmählich aufzutauchen. So wurden sie geboren, sie wurden gezogen, sie wurden geschaffen. Angesammelt waren der rote Saft und der weiße Saft. So wurde geboren das männliche Glied und die weibliche Scham. So wurde geboren die Schamritze. Mit ihr dann hat er kopuliert. Er fängt an heiß zu atmen und mit ihr zu kopulieren. Was für Zeichen habe ich denn genommen für das rote menschliche Stück, für das weiße menschliche Stück?

Dreizehnmal muß er sich drehen und sich himmelwärts wenden, um nüchtern einzunehmen das rote *Chichibe*-Kraut, den roten Tabak und den weißen Tabak. Ich habe sie bestimmt. Das sind seine Zeichen: Die rote *Bacalche*-Pflanze und die weiße *Bacalche*-Pflanze. Die entsprechenden Zutaten habe ich eingetaucht, damit er sie genießen kann. Der *Saknikte*-Baum trägt sein Wesen bei. Der *Sabaknikte*-Baum trägt sein Wesen bei. Die gelbe Cochinille trägt ihr Wesen bei. Dazu habe ich sie eingetaucht in den Saft des *Chichib*-Krautes und in den Saft des *Saknikte*-Baumes, damit er sie trinke. Hör mal! Ich werde deine Wirkung aufheben, Herr verhutzeltes Windmännlein, und deine erotische Besessenheit!

Beide müssen für den (kranken) Menschen angerufen werden. Er redet ganz wirr, er flüchtet, getroffen von einem bösen Wind. Das wird für ihn zur Heilung gesagt.

Zweimal müssen sie gerufen werden. Dann fängt einer an, seine Zunge bluten zu lassen mit dem Dorn der Sisal-Agave. Und dasselbe muß man mit der Mitte des Rückens machen. Dann muß man ihn mit Wasser übergießen, bis er von Wasser trieft. Amen.

Der rituelle Spezialist, der mit solchen Zaubersprüchen Kranke heilt, heißt *Hmen*; und es sind auch heute noch in Yukatan einige *Hmen* tätig. Sie beschränken ihr Wirken nicht auf Krankheiten einzelner Menschen, sondern können auch zu Hilfe gerufen werden, wenn der Bienenstock von einer Seuche befallen ist oder wenn das Getreide auf dem Feld nicht wachsen will. Und gerade in ländlichen Gegenden gibt es auch noch Gemeinschaftsriten wie die *Chachaak*-Zeremonie zur Erflehung der ersten Regen, wo die ganze Dorfgemeinschaft zusammenkommt und kraft spiritueller Autorität, traditioneller Riten und der Macht des Zauberspruches sich den Segen der Götter erfleht.

3. Tayasal fällt den Spaniern zu

Die von Spaniern im 16. und 17. Jahrhundert kolonisierten und christianisierten Gebiete grenzten im Innern Yukatans und auf der Tieflandabdachung Guatemalas immer noch an Indianerland, das nie erobert und somit nie der spanischen Wirtschaft und dem Verkehr erschlossen worden war. Für die Bewohner der hier angrenzenden Gebiete, christliche Indianer ebenso wie Spanier, bestand daher ständig die Gefahr von Überfällen der unabhängigen Indianer auf ihre Grenzsiedlungen, in deren Folge Dörfer zerstört und Einwohner verschleppt oder getötet wurden.

Unter diesen Umständen war eine dauerhafte Festigung der spanischen Herrschaft und der christlichen Macht nicht zu erreichen. Daher wurden als Gegenmaßnahmen zwei Strategien angewandt: Die erste war, die Grenze durch Eroberung weiter ins Landesinnere vorzuschieben, so daß das augenblickliche Grenzland befriedetes Hinterland wurde. 300 Jahre später werden wir dieselbe Reaktion auf die Bedingungen der Grenzlage auf dem nordamerikanischen Kontinent erleben, wo die Vereinigten Staaten ihre Westgrenze beständig ins Indianerland vorschieben. Die zweite Strategie war, daß die zerstreut siedelnden Eingeborenen in den gerade unterworfenen Gebieten an einigen gut erreichbaren Orten konzentriert wurden, wo sie unter ständiger kirchlicher Aufsicht und militärischer Bewachung standen.

Eroberungen sollten für die Krone und den Eroberer selbst Gewinne an Bodenschätzen, landwirtschaftlichen und handwerklichen Produkten und billige Arbeitskräfte einbringen. Die Missionierung sollte möglichst viele Seelen den Händen des Satans entreißen und der alleinseligmachenden Kirche zuführen. Beide Ziele waren im Wertsystem der Spanier so fest verankert, daß sich immer wieder Männer fanden, die bereit

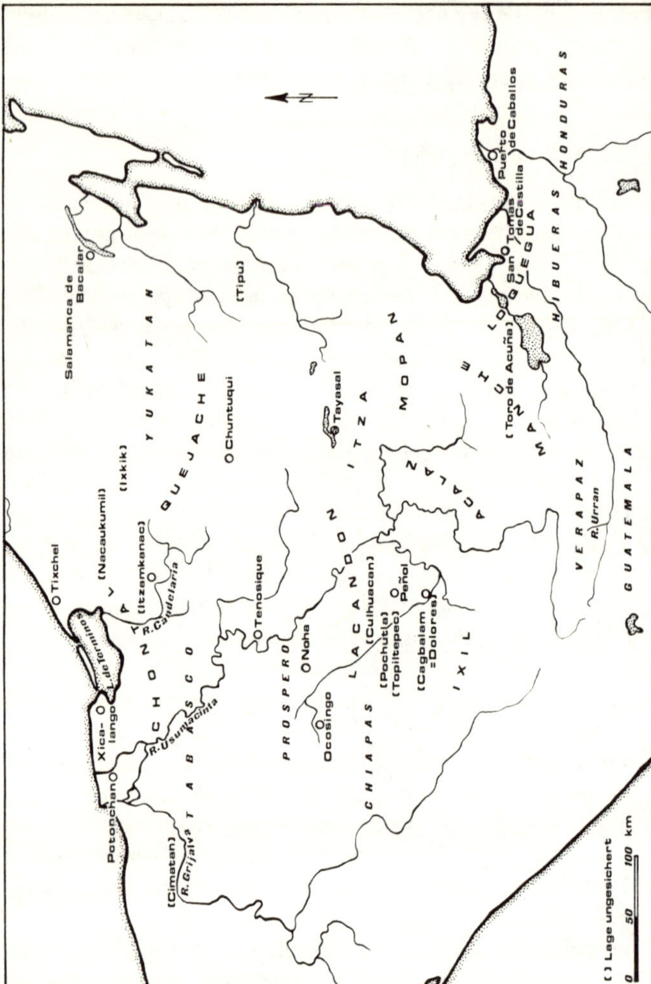

Karte 5: Das südliche Tiefland und das angrenzende Hochland in der frühen Kolonialzeit. (Entwurf und Ausführung: B. Riese)

waren, auch unter großen Opfern und Risiken solche Unternehmungen durchzuführen. Im Falle des südlichen Yukatan und angrenzenden Petén wird ein in Dokumenten immer wieder auftauchender weiterer Grund genannt: Ziel der Eroberung sollte es sein, Landverbindungen zwischen Yukatan und Guatemala und zwischen Chiapas und Honduras zu schaffen. Solche Landverbindungen würden den durch Piraten, Riffe und Stürme gefährlichen und beschwerlichen Seeweg um die Halbinsel Yukatan entlasten und wären auch kürzer.

Ein Gutachten des königlich-spanischen Sachbearbeiters Antonio de León Pinelo von 1639 dokumentiert die genannten Ziele und Motive und die Bedeutung, die man ihnen von offizieller Stelle in Spanien beimaß. León Pinelo befürwortet darin die dem Indienrat vorgelegten Anträge auf Eroberungs- und Pazifikationserlaubnis für einen Großteil des Landesinneren seitens eines unternehmungslustigen Privatmannes mit der Begründung, daß dadurch folgende wünschenswerte Ziele erreicht würden:

1. Bekehrung von über 10 000 Heiden,
2. Schutz für die bereits bekehrten Indianer,
3. Verhinderung der Flucht bekehrter Indianer,
4. Vergeltung der angerichteten Schäden,
5. Beseitigung einer unabhängigen Enklave im spanischen Herrschaftsgebiet,
6. Erwerb landwirtschaftlich produktiver und entwicklungsfähiger Gebiete,
7. Ermöglichung einer Landverbindung zwischen Guatemala, Yukatan und Tabasco zur Erleichterung von Handel und Verkehr,
8. Staatseinnahmen durch Tribute, Steuern und Nutzung der Salzquellen.

Es nimmt nach dieser Schilderung nicht wunder, daß im Zeitraum von 1550 bis 1700 50 gut dokumentierte Entradas (so nannte man solche Expeditionen) in das Landesinnere unternommen wurden. Dazu gehören die von Don Pablo Paxbolón, dem indianischen Kaziken von Tixchel, durchgeführten Militärexpeditionen, in denen er erfolgreich flüchtige Indianer aufspürte und in der Nähe von Tixchel ansiedelte. Neben dem offiziellen Auftrag, die Flüchtlinge der spanischen kirchlichen Aufsicht wieder zuzuführen, ging es ihm aber hauptsächlich um die Erweiterung seines Einflusses und vielleicht auch seiner Einkünfte.

Viele Entradas sind aber von unbewaffneten Missionarsexpeditionen unternommen worden und nahmen einen friedlichen Verlauf. Vor allem die Lakandonen und Manché waren häufig Ziele solcher Unternehmungen. Gelegentlich geschah das sogar in Konkurrenz mit entsprechenden militärischen Vorhaben, eine Idee, die gerade hier von dem Vorkämpfer für die Lebensrechte der Indianer, Bartolomé de Las Casas, bei seinen dominikanischen Ordensbrüdern durchgesetzt wurde. Sie scheiterte jedoch kläglich, denn die Gewaltbereitschaft auf beiden Seiten, der indianischen und der der spanischen Zivilregierung, war nicht zu bändigen. Las Casas' Überlegung war, daß, wenn die Indianer missioniert waren, es keine Rechtsgrundlage mehr dafür gab, sie militärisch zu unterwerfen und dabei als Entgelt für das gefahrvolle Unternehmen von der spanischen Krone einen Teil des zu erobernden Landes und seiner Indianer zur eigenen Nutzung (und dem unweigerlich daraus resultierenden Mißbrauch) zugewiesen zu bekommen. Bei einem solchen Präventivunternehmen hatte der Franziskaner Diego Delgado in Tayasal sein Leben eingebüßt. Ein Kazike der Verapaz fand sich jedoch bereit, den Überfall zu rächen. Er führte einen Feldzug gegen die Lakandonen im Tiefland, in dessen Folge er 80 Feinde henkte und über 100 ins Hochland verschleppte. Die Instrumentalisierung Einheimischer gegen ihre eigenen Landsleute ist also auch hier, wie in späteren Kolonialunternehmungen der Europäer, bereits verwirklicht.

Es gab außerdem kombinierte missionarisch-militärische Entradas. Die Rolle der Missionare war es dabei, vor Eröffnung der Feindseligkeiten zu versuchen, eine friedliche und freiwillige Unterwerfung des Gegners zu erreichen. Gelang das nicht, so hatten sie nach erfolgtem Sieg über den Gegner für sofortige Bekehrung der Überlebenden zu sorgen. Außerdem halfen sie den Heerführern bei der Festigung der Moral und des

Kampfeswillens der Soldaten, indem sie im voraus Absolution von beim Kampf zu begehenden Sünden erteilten, die Gottgefälligkeit der Entradas behaupteten und damit verbundene Segnungen geistlicher Art versprachen. Ein solches Unternehmen war der aufwendige Feldzug gegen die Itsa in den Jahren 1695 bis 1697. Von Süden und Norden zogen damals mehrere Heere, jedes von in der Heidenmission erfahrenen Mönchen begleitet, auf die Itsa-Hauptstadt Tayasal zu. Nach verschiedenen vergeblichen Anläufen und Verhandlungen mit den Itsa wurde Tayasal 1697 erfolgreich im Sturm genommen, worauf die Mönche unter den Überlebenden das Christentum predigten.

Der Erfolg jahrzehntelanger Bemühungen um die Eroberung und Befriedung der inneren Landstriche stellt sich mit der Vernichtung des letzten organisierten Maya-Staates durch Martín de Ursúa y Arizmendí für die Spanier nur in einer Hinsicht ein: In der Folgezeit blieben die angrenzenden Provinzen von Überfällen und Kämpfen weitgehend verschont. Die verbliebenen unabhängigen Indianer, darunter vor allem die Lakandonen, waren zu wenige an Zahl und verfügten über keine intakte politische Organisation mehr. Die spanische Herrschaft über die meisten eroberten Gebiete blieb hingegen nominell, da die Dezimierung der Bevölkerung durch Krieg, Seuchen und die Überführung der Verbliebenen in Orte des guatemaltekischen Hochlandes rasch zur fast völligen Entvölkerung dieser Landstriche geführt hatte.

War dieser langfristige Mißerfolg für die Spanier auch ohne weiteres zu verschmerzen, so wiegt kulturgeschichtlich viel schwerer, daß mit der Eroberung Tayasals eine großartige eigenständige Kultur für immer vernichtet und weitgehend undokumentiert dem Vergessen anheimgefallen ist. Was die Forschung aus Bodenfunden, Archivakten und mündlichen Traditionen heutiger Maya zusammenzutragen und zu rekonstruieren versucht, ist doch nur ein geringer Teil dessen, was die glanzvolle Kultur der Maya einst ausmachte.

Literaturhinweise und Quellenverzeichnis

Arzápalo, Ramón (Hg.): *El ritual de los Bacabes.* 1109 S. México: UNAM 1987 [Die erste philologisch zuverlässige Edition der kolonialzeitlichen Sammelhandschrift von Zaubersprüchen; ein Auszug daraus wird in Kapitel VI nach Arzápalos deutscher Übersetzung gegeben.]

Barrera Vásquez, Alfredo (Hg.): *Diccionario Maya-Cordemex.* 360 S. Mérida de Yucatán: Cordemex 1980 [Ein Nachdruck ist 1991 beim Verlag Porrúa in México, D. F. erschienen. In der Schreibung des yukatekischen Maya folge ich diesem Wörterbuch.]

Barrera Vásquez, Alfredo & Sylvanus Griswold Morley: *The Maya chronicles.* (= Carnegie Institution, Contributions to American Anthropology and History, 48). 106 S. Washington, D. C. 1949 [Unveränderter Nachdruck: New York 1970; einen Auszug aus der von den Autoren rekonstruierten Chronik I gebe ich in eigener Übersetzung in Kapitel VI wieder.]

Barrera Vásquez, Alfredo & Silvia Rendón: *El libro de los libros de Chilam Balam.* (= Biblioteca Americana, 8). 268 S. México: Fondo de Cultura Económica 1948 [Zusammenstellung und Rekonstruktion von Texten aus den verschiedenen Versionen der yukatekischen Bücher des Jaguar-Priesters aus der Kolonialzeit. Spätere Taschenbuchausgaben sind gekürzt.]

Baudez, Claude François: *Maya Sculpture of Copán. The Iconography.* 300 S. Norman & London: University of Oklahoma Press 1994 [Ergebnisse der ikonographischen Forschung während der von Baudez geleiteten Ausgrabungen von 1978 bis 1983 in Copán.]

Baudez, Claude François & Pierre Becquelin: *Die Maya.* (= Universum der Kunst). München: C. H. Beck 1985 [ausgezeichnet bebildert und mit nützlichen Verzeichnissen der Götter und Symbole.]

Biographisches Archiv zur Anthropologie. Bonn: Seminar für Völkerkunde der Universität. [Das Archiv stellt Ausdrucke seiner EDV-Dateien auf Anfrage zur Verfügung; die meisten biographischen Daten zu Forschern habe ich diesem Archiv entnommen.]

Breton, Alain (Hg.): *Rabinal Achi. Un drame dynastique maya du quinzième siècle.* (= Recherches américaines, 5) 452 S. Nanterre 1995 [Kritische Edition und Übersetzung des einzigen authentischen vorspanischen Tanzspieles der Maya.]

Bricker, Victoria Reifler: *A Grammar of Mayan Hieroglyphs.* (= Middle American Research Institute, Tulane University, Publication 56). 214 S. New Orleans: Middle American Research Institute 1986 [Systematische Grammatik der Maya-Hieroglyphenschrift.]

Carmack, Robert M.: *The Quiché Mayas of Utatlan. The Evolution of a Highland Guatemala Kingdom.* 435 S. Norman: University of Oklahoma Press 1981 [Umfassende Darstellung des spätindianischen Hochland-Maya-Staates der Quiché auf der Grundlage schriftlicher Quellen.]

Chamberlain, Robert S.: *The conquest and colonization of Yucatán,* 1517–1550. (= Carnegie Institution of Washington, Publication, 582). 365 S. Washington, D. C. 1948 [Ausführlich und gut dokumentiert; ein Nachdruck wurde 1966 bei Octagon Books in New York verlegt.]

Coe, Michael D.: *Das Geheimnis der Maya-Schrift. Ein Code wird entschlüsselt.* 450 S. Reinbek: Rowohlt 1995 [Nicht ganz ausgewogene Forschungsgeschichte bis in die 90er Jahre; aus dem Englischen übersetzt von Frauke Johanna Riese.]

Corpus of Maya Hieroglyphic Inscriptions. Cambridge, Mass. 1975 ff. [Systematische, von Ian Graham herausgegebene Dokumentation; bisher sind zwölf Hefte erschienen; die Reihe wird fortgesetzt. Abb. 7, 8 und 9 sind aus Heft 1 von Band 3 reproduziert.]

Eggebrecht, Arne, Eva Eggebrecht & Nikolai Grube (Hg.): *Archäologische Schätze aus drei Jahrtausenden. Die Welt der Maya.* 672 S. Mainz: Zabern 1994 [Begleitveröffentlichung zu einer Wanderausstellung mit Schwerpunkten auf polychromer Keramik und Skulpturen aus den Maya-Städten Yaxchilán und Copán. Das Vasenbild, von dem Abb. 3 eine Umzeichnung ist, ist dort auf S. 237 in einer farbigen photographischen Abrollung veröffentlicht.]

Greene Robertson, Merle: *The Sculpture of Palenque.* 5 Bände. Princeton: Princeton University Press 1985 ff. [Von den geplanten fünf Bänden sind bisher vier erschienen; Abb. 11 ist nach Abb. 92 in Band 2 dieses Werkes reproduziert.]

Handbook of Middle American Indians. 16 Bände und 5 Ergänzungsbände. Austin: University of Texas Press 1964–1992 [Einführende Überblicksdarstellungen zu allen Forschungsgebieten.]

Hohmann, Hasso & Annegret Vogrin: *Die Architektur von Copán.* 2 Bände. Graz: Akademische Druck- und Verlagsanstalt 1982 [Genaue Bauaufnahmen und wichtige Einsichten in die Baugeschichte werden mit reichem Karten- und Bildmaterial vorgestellt.]

Houston, Stephen D.: *Maya Glyphs.* (= Reading the Past). 64 S. London: The British Museum 1989 [Knappe Einführung auf dem damals neuesten Stand der Forschung.]

Ichon, Alain (Hg.): *Archéologie de sauvetage.* 6 durchgezählte und einige ungezählte Bände. Paris 1978–1988 [Umfangreichste archäologische Bestandsaufnahme zum Maya-Hochland unter der Leitung französischer Ausgräber.]

Justeson, John S. & Lyle Campbell (Hg.): *Phoneticism in Mayan Hieroglyphic Writing.* 387 S. Albany: Institute for Mesoamerican Studies 1984 [Abhandlungen einer 1979 in Albany veranstalteten Tagung, die den Durchbruch zur sprachlichen Entzifferung der Maya-Hieroglyphen brachte. Meine hieroglyphischen Lesungen folgen der dort von William N. Norman und Terrence Kaufman veröffentlichten Rekonstruktion des Proto-Chol.]

Justeson, John S., William N. Norman, Lyle Campbell & Terrence Kaufman: *The Foreign Impact on Lowland Maya Language and Script.*

(= Middle American Research Institute, Publication 53). 97 S. New Orleans: Tulane University 1985 [Tabelle 2 habe ich auf der Grundlage dieses Buches zusammengestellt.]

Kaua, Chilam Balam von: Photographische Reproduktion von Teobert Maler im Iberoamerikanischen Institut Berlin und im Museum für Völkerkunde Hamburg. [Meine Übersetzung eines Auszugs daraus ist in Kapitel VI wiedergegeben.]

Kerr, Justin: *The Maya Vase Book. A Corpus of Rollout Photographs of Maya Vases.* 4 Bände. New York: Kerr Associates 1989–1994 [Systematisches Corpus klassischer Vasen und Teller der Maya. Jeder Band enthält außer den jeweils etwa 100 Abroll-Photographien Essays von Maya-Forschern. Weitere Bände sind geplant. Das Vasenbild von Abb. 3 ist dort in Band 1 in einer schwarzweißen photographischen Abrollung veröffentlicht.]

Landa, Diego de: *Relación de las Cosas de Yucatán.* 252 S. México: Porrúa 1959 [Zahlreiche Nachdrucke und Übersetzungen; die deutsche Übersetzung von Carlos Rincón, 1990 im Reclam Verlag Leipzig unter dem Titel *Bericht aus Yucatán* veröffentlicht, ist wenig zuverlässig.]

Lee Jr., Thomas A.: *Los Codices Mayas.* 215 S. Tuxtla Gutiérrez: Universidad Autónoma de Chiapas 1985 [Gute Farbreproduktionen aller vier vorspanischen Maya-Handschriften in einem Band. Die beigegebene Bibliographie ist sehr fehlerhaft.]

León Pinelo, Antonio de: *Relación sobre la pacificación y población de las provincias del Manché y Lacandón.* Madrid 1958 [Eine inhaltliche Zusammenfassung dieses Gutachtens aus dem 17. Jahrhundert gebe ich in Kapitel VI.]

Maler, Teobert: [Verschiedene Titel]. (= Memoirs of the Peabody Museum of Archaeology and Ethnology, Harvard University, Bd. II, Teile 1, 2; Bd. IV, Teile 1, 2, 3; Bd. V, Teil 1.) Cambridge, Mass.: Peabody Museum of American Archaeology and Ethnology 1901/1911 [Maler hat seine photographischen und vermessungstechnischen Aufnahmen zahlreicher Maya-Ruinen des südlichen Tieflandes in diesen Veröffentlichungen in englischer Übersetzung herausgebracht. Andere Veröffentlichungen in deutscher Sprache, meist das nördliche Tiefland betreffend, sind zu seinen Lebzeiten in der Zeitschrift *Globus* erschienen und posthum in den Veröffentlichungen des Berliner Iberoamerikanischen Instituts.]

Materialien der Maya-Inschriften Dokumentation. Hamburg, Berlin & Bonn: Berthold Riese 1972ff. [Unregelmäßig erscheinende Hefte mit Bibliographien und Inschriftenentzifferungen sowie Dokumentationen. Bisher sind zwölf Hefte erschienen.]

Maudslay, Alfred Percival: *Archaeology.* 5 Bde. Text u. 5 Bde. Tafeln. London 1889/1902 [Vorbildliche archäologische Dokumentation zahlreicher Maya-Ruinen im Hochland und Tiefland; ein neuerer Nachdruck befriedigt in der Reproduktionsqualität nicht.]

Mayer, Karl Herbert: *Maya Sculpture of Unknown Provenance.* Bd. 1: Europe; Bd. 2: USA; Bd. 3: Latin America; Band 4: Supplement I; Band 5: Supplement II; Band 6: Supplement III. Ramona, Berlin und Möckmühl 1978 ff. [Einzige corpusartige Veröffentlichung geplünderter Maya-Skulpturen mit Schwerpunkt auf solchen mit hieroglyphischen Inschriften. Gute Abbildungen und ausführliche Dokumentation. Band 7 ist in Vorbereitung.]

Pasztory, Esther (Hg.): *Middle Classic Mesoamerica: A.D. 400–700.* 197 S. New York: Columbia University 1978 [Grundlegende Studie zur Definition der mittelklassischen Epoche, in der ganz Mesoamerika unter dem Einfluß von Teotihuacán stand.]

Pollock, Harry, Evelyn Dorr, Ralph Loveland, Roys, Tatiana A. & A. Proskouriakoff, Ledyard Smith: *Mayapan, Yucatan, Mexico.* (= Carnegie Institution of Washington, Publication 619). Washington, D.C. 1962 [Definitive archäologische Studie dieser zeitweiligen Hauptstadt der nördlichen Maya.]

Proskouriakoff, Tatiana: *Maya History.* 212 S. Austin: University of Texas Press 1993 [Posthum herausgegebene Zusammenschau von Proskouriakoffs Forschungen zur Geschichte der Maya und ihrer Kunst; fachlich etwa auf dem Stand von 1965.]

Rätsch, Christian: *Bilder aus der unsichtbaren Welt. Zaubersprüche und Naturbeschreibung bei den Maya und Lakandonen.* München: Kindler 1985 [In Kapitel VI veröffentliche ich einen yukatekischen Zauberspruch nach Rätschs dort veröffentlichter Übersetzung.]

Reents-Budet, Dorie: *Painting the Maya Universe: Royal Ceramics of the Classic Period.* 377 S. Durham & London. Duke University Press 1994 [Reich bebilderter Ausstellungskatalog mit Texten, die über die neuesten Ergebnisse der Maya-Keramikforschung informieren.]

Riese, Frauke Johanna: *Indianische Landrechte in Yukatan um die Mitte des 16. Jahrhunderts. Dokumentenanalyse und Konstruktion von Wirklichkeitsmodellen am Fall des Landvertrages von Mani.* (= Beiträge zur mittelamerikanischen Völkerkunde, 16). 221 S. Hamburg & Hohenschäftlarn: Klaus Renner Verlag 1981 [Grundlegende Fallstudie zur politischen und territorialen Verfassung des nördlichen Yukatan in spätindianischer Zeit.]

Riese, Frauke Johanna: *Antonio del Río, Beschreibung einer alten Stadt, die in Guatimala (Neuspanien) unfern Palenque entdeckt worden ist.* (= Völkerkundliche Abhandlungen, 12). 133 S. Berlin: Dietrich Reimer Verlag 1993 [Kritische Neuausgabe des Forschungsberichtes von Antonio del Río über Palenque.]

Rössler, Eberhard: *Umrechnung von Angaben des Maya-Kalenders mit Hilfe eines programmierbaren Taschenrechners.* In: Indiana, 9, S. 249–253. Berlin: Gebr. Mann 1984 [Alle Maya-Daten in diesem Buch habe ich nach Rösslers Programm in den julianischen Kalender umgerechnet.]

Roys, Ralph Loveland: *The Book of Chilam Balam of Chumayel.* (= Carnegie Institution of Washington, Publication 438). 231 S. Washington, D.C. 1933 [Edition und Übersetzung eines der wichtigsten Bücher des Jaguar-Priesters; unveränderter Nachdruck durch die University of Oklahoma Press, Norman 1967; eine neuere Edition desselben Werkes von Munro Edmonson ist quellenkritisch unbefriedigend.]

Sabloff, Jeremy A.: *Die Maya. Archäologie einer Hochkultur.* (= Spektrum Bibliothek, 29). Heidelberg: Spektrum 1991 [Die deutsche Ausgabe des ursprünglich auf Englisch veröffentlichten Buches wurde von Maria Gaida übersetzt und ist inhaltlich und in den Abbildungen wesentlich verbessert worden.]

Schele, Linda & David Freidel: *Die unbekannte Welt der Maya. Das Geheimnis ihrer Kultur entschlüsselt.* 671 S. München: Albrecht Knaus 1991 [In der Fülle der Details und der Abbildungen ist das Buch eine reiche Fundgrube. Sein Wert wird dadurch beeinträchtigt, daß an den Interpretationen vieles spekulativ ist und ganze Passagen als Roman geschrieben sind.]

Scholes, France V. & Ralph Loveland Roys: *The Maya Chontal Indians of Acalan-Tixchel. A Contribution to the History and Ethnography of the Yucatan Peninsula.* (= Carnegie Institution of Washington, Publication 560). 565 S. Washington, D.C.: Carnegie Institution 1948 [Historische Monographie der Putun-Maya; eine zweite unveränderte Auflage ist 1968 in Norman von der University of Oklahoma Press vorgelegt worden.]

Schultze Jena, Leonhard (Hg.): *Popol Vuh.* (= Quellenwerke zur alten Geschichte Amerikas, aufgezeichnet in den Sprachen der Eingeborenen, 2). 327 S. Stuttgart: W. Kohlhammer Verlag 1944 [Die beste Ausgabe und Übersetzung dieser Geschichtsquelle der Quiché-Indianer; unveränderte zweite Auflage 1971; ich zitiere in Kapitel III und V Passagen der Seiten 67, 77–79, 115–117 und 137 aus Schultze Jenas Übersetzung.]

Tikal Reports. Philadelphia: University Museum 1958 ff. [Ergebnisveröffentlichung der Grabungen des Museums in Tikal. Bisher ist nur ein Teil der geplanten Berichte erschienen. Abbildungen 1 a, 4 und 5 sind aus Band 33, Teil A dieser Reihe reproduziert.]

Tonina. Une cité maya au Chiapas. (= Etudes mésoaméricaines). 4 Bände. México 1979–1990 [Ergebnisveröffentlichung der französischen Ausgrabungen unter der Leitung von Pierre Becquelin, Claude Baudez und Eric Taladoir; Abb. 1 b und 11 sind aus Band 3 dieses Werkes reproduziert.]

Westphal, Wilfried: *Die Maya-Forschung. Geschichte, Methoden, Ergebnisse.* Frankfurt am Main: Vervuert 1991 [Ein verdienstvoller Überblick, der Beiträge nordamerikanischer Forscher betont und die anderer Nationen, vor allem von Franzosen und Deutschen, vernachlässigt.]

Wilhelmy, Herbert: *Welt und Umwelt der Maya.* München: Piper 1981 [In der Fülle und Systematik der ausgebreiteten und bibliographisch nachgewiesenen Daten vorbildlich. Da Wilhelmy von Haus aus Geograph ist, sind besonders seine Ausführungen, Diagramme und Abbildungen zu Geographie und Umwelt der Maya wichtig. Es gibt auch eine Taschenbuchausgabe von 1989.]

Register

Das Register versucht Schreibung und Bedeutung von Fachbegriffen und indianischen Namen durch kurze Erläuterungen und Abkürzungen für ihre sprachliche Herkunft verständlich zu machen: **A** Aztekisch und andere Nahau-Sprachen Mexikos, **Ch** Chol, Chontal, ***Ch** Proto-Chol, **D** Deutsch, **K** von Forschern geschaffenes Kunstwort, **M** unspezifische Maya-Sprachen, **Q** Quiché und verwandte Sprachen, **S** Spanisch, **Y** Mayat'an. Die wichtigsten Schreibvarianten werden der Worterklärung in Klammern beigefügt.